"十四五"职业教育国家规划教材

幼儿教师礼仪

YOU'ER JIAOSHI LIYI

程克英 主编

西南大学出版社
SWUP
国家一级出版社 全国百佳图书出版单位

图书在版编目(CIP)数据

幼儿教师礼仪 / 程克英主编. -- 重庆 : 西南师范大学出版社, 2017.6(2023.11重印)

ISBN 978-7-5621-8737-0

Ⅰ. ①幼… Ⅱ. ①程… Ⅲ. ①幼教人员－礼仪－幼儿师范学校－教材 Ⅳ. ①G615

中国版本图书馆CIP数据核字(2017)第090621号

幼儿教师礼仪

主　编: 程克英

策　　划: 钟小族
责任编辑: 周明琼
书籍设计: 戴永曦
排　　版: 张　祥
出版发行: 西南大学出版社(原西南师范大学出版社)
地址:重庆市北碚区天生路2号
邮编:400715
电话:023-68868624
印　　刷: 重庆市正前方彩色印刷有限公司
幅面尺寸: 185mm×260mm
印　　张: 7
字　　数: 112千字
版　　次: 2017年6月 第1版
印　　次: 2023年11月 第10次
书　　号: ISBN 978-7-5621-8737-0

定　　价: 25.00元

尊敬的读者,感谢您使用西大版教材!如对本书有任何建议或要求,请发送邮件至xszjfs@126.com。

编委会

QIANYAN

前言

这是一本在多年的礼仪教学实践工作中及与幼儿园长期合作过程中共同完成的、针对幼儿师范在校学生养成良好职业素养的教材。

礼仪是人与人交往过程中形成的、人们约定俗成的、共同遵守的在仪态、仪容、仪表、仪式等各方面的行为规范。

礼仪的内涵十分丰富,它的本质和核心是尊重,是对自己、对他人、对社会、对事物、对环境的尊重。对在校师范生来说,礼仪学习有着双重的重要意义。一方面,师范生通过认真系统的学习和有意识的训练,培养真诚友善、谦虚随和、理解宽容的待人态度,形成端庄大方、热情友好、谈吐文雅、有礼有节的行为举止;另一方面,更要树立尊重意识,提升内在思想道德品质,为礼仪的教育和传授打下基础,同时幼儿教师还要能言传身教,实施幼儿园礼仪教育。

具体的礼仪规范的运用其实是一个人内在的认知与素养的外在表现，因而系统的理论认识，包括思想意识的形成是不可少的。师范生在学习中偏重理论学习或只注重实际训练都是片面的，应内外兼修，养成今后做人和做事的基本素养，为今后投身到学前教育岗位之中打下良好的基础。

本教材体现以下明显特点：

1．针对性和实用性强。礼仪规范表述明确，结合案例紧密，突出专业要求。

2．职业特征明显，可读性强，可操作性强。

3．注重理论与实际相结合，教学与模拟训练相结合，课堂教学与养成教育相结合。

本教材由重庆市巴南职业教育中心学前教育专业教研组与重庆市巴南区鱼洞幼儿园共同编写。在编写过程中，获得了我校示范校建设专家组成员、重庆市女子职业高级中学陈艳丽主任的大力支持，她对教材的编写提出了很多宝贵的建议。教材中的许多案例来源于我校学前教育专业毕业生、原三色幼儿园的优秀老师，现童话里幼儿园园长杨仁乾，同时在编写时还获得了许多在读学前教育专业学生的支持，在此一并感谢！

由于时间紧，任务重，书中难免有不妥和疏漏之处，欢迎批评指正。

课程说明

KECHENG SHUOMING

一、课程性质、类别、目的和任务

性质：专业素质课。

类别：选修课。

目的和任务：本课程是一门开阔学生视野，丰富教师礼仪相关知识，并能将相关知识与幼儿园教育教学活动结合的课程。通过本课程的学习，要求我们的学前教育专业的学生掌握基本的礼仪知识，能用礼仪知识规范自己的言行举止，提高个人的社交能力、审美能力和沟通能力。

本课程共设40学时，开设一个学期。

二、教学内容及要求

教学内容：概述　师德　师表　师言　师行

教学要求：掌握幼儿教师个人形象塑造的相关礼仪知识，注重个人礼仪素养的提升与礼仪运用能力的提高，并能长期坚持，自我监督，纠正自己不合礼仪规范的言行举止。

三、教学基本内容与学时分配

1.教学基本内容

(1)概述。

通过本单元的学习,学生应了解学习幼儿教师礼仪与修养的重要意义,幼儿教师礼仪的内容及含义,掌握幼儿教师与礼仪的关系。

教学重点:学习幼儿教师礼仪的重要性,幼儿教师礼仪的基本内容。

教学难点:幼儿教师礼仪规范的特点,学习幼儿教师礼仪的途径与方法。

内容要点:礼仪的含义,幼儿教师礼仪的内容,学习幼儿教师礼仪的原则,学习幼儿教师礼仪的途径和方法。

(2)师德。

通过本单元的学习,学生应熟悉《幼儿园教师专业标准(试行)》,理解幼儿教师的职责和应具备的素养。

教学重点:师德的含义,幼儿教师应具备的素养。

教学难点:幼儿教师的道德素养和个人素养。

内容要点:幼儿教师师德的内涵,幼儿教师的道德素养和个人素养。

(3)师表。

通过本单元的学习,学生应了解塑造幼儿教师个人形象在幼儿园教育教学工作中的意义,理解幼儿教师塑造形象的内涵,掌握幼儿教师仪态礼仪(包括表情礼仪)、仪容礼仪、服饰礼仪等的内涵和具体实践能力的提升。

教学重点:幼儿教师个人形象塑造的意义、方法及幼儿教师的体态、表情、仪表礼仪等。

教学难点：幼儿教师体态礼仪和表情礼仪。

内容要点：幼儿教师仪态礼仪规范，幼儿教师仪容礼仪规范，幼儿教师服饰礼仪规范。

(4)师言。

通过本单元的学习，学生应了解和掌握幼儿教师语言的基本要求和特点，掌握幼儿教师肢体语言。

教学重点：幼儿教师在各种场景下用语的基本要求、特点和应注意的地方。

教学难点：幼儿教师课堂语言要求。

内容要点：礼貌用语，文明用语，课堂用语。

(5)师行。

通过本单元的学习，学生应了解幼儿园教育教学活动交往中应注意的礼仪规范。

教学重点：幼儿教师与幼儿家长和同事交往的礼仪规范，幼师生实习、见习有关的礼仪规范。

教学难点：幼儿教师在幼儿园一日活动中的礼仪规范。

内容要点：幼儿教师交往礼仪规范，幼儿教师办公室礼仪规范，幼儿教师一日活动中的礼仪规范，幼师生见习、实习礼仪规范。

2.学时分配

<table>
<tr><th>单元</th><th colspan="2">内容</th><th colspan="2">课时(总40课时)</th></tr>
<tr><td>第一单元</td><td colspan="2">概述</td><td colspan="2">1</td></tr>
<tr><td>第二单元</td><td colspan="2">师德</td><td colspan="2">1</td></tr>
<tr><td rowspan="3">第三单元</td><td rowspan="3">师表</td><td>仪态礼仪规范</td><td>16</td><td rowspan="3">26</td></tr>
<tr><td>仪容礼仪规范</td><td>6</td></tr>
<tr><td>服饰礼仪规范</td><td>4</td></tr>
<tr><td>第四单元</td><td colspan="2">师言</td><td colspan="2">2</td></tr>
<tr><td>第五单元</td><td colspan="2">师行</td><td colspan="2">4</td></tr>
<tr><td colspan="3">综合测试</td><td colspan="2">6</td></tr>
</table>

MULU

目录

第一单元 概 述

我们教育工作者的任务就在于让每个儿童看到人的心灵美,珍惜爱护这美,并用自己的行动使这美达到应有的高度。

——苏霍姆林斯基

第一节 礼仪与幼儿教师礼仪

【学习目标】

1.理解礼仪的内涵。

2.理解幼儿教师礼仪规范的特点。

3.掌握幼儿教师礼仪的内容。

4.体会礼仪的重要性,树立礼仪意识。

【学习重难点】

1.礼仪的内涵。

2.幼儿教师礼仪的内容。

【内容要点】

1.礼仪与幼儿教师礼仪的概念。

2.幼儿教师礼仪规范的特点。

3.幼儿教师礼仪的基本内容。

【情景导入】

大班幼儿已经具备初步的社会意识,幼儿教师则需要进一步帮助大班幼儿自觉、主动地遵守各项活动的礼仪要求。根据这个年龄特点,李老师组织了一次大班幼儿的礼仪活动“有礼貌的小人儿”。李老师在交代活动规则“看到认识的人要问好”时,佳佳则说:“老师,那天我在街上看到您叫您,您都没有理我。”

【必备知识】

教育部2012年颁布出台的《幼儿园教师专业标准(试行)》〔2012〕1号文件中指出:幼儿教师要"创设有助于促进幼儿成长、学习、游戏的教育环境"。一个利于幼儿身体、智力和个性成长的环境是有准备的环境,这个环境包括自由的观念、结构与秩序、真实与自然、美感与气氛以及群体生活。而这些环境都离不开一个要素——幼儿教师,幼儿教师是幼儿园环境的设计者,是幼儿与环境相互作用的引导者,同时幼儿教师自身也是幼儿园环境的构成要素之一。案例中的李老师和佳佳的例子清楚地说明,幼儿教师在与幼儿、家长以及其他的社会关系交往沟通时,他们的待人接物等行为表现会成为幼儿学习效仿的对象。幼儿教师的教育观念与行为,通过与幼儿的相互作用而对幼儿形成影响。所以,《幼儿园教师专业标准(试行)》特别指出幼儿教师要"为人师表",就是说幼儿教师必须要规范自己的言行举止,要以自己的"言"为学生之师,"行"为学生之范。那么,作为一名教师怎样做到事事、时时、处处为人师表呢?那就是必须严格要求自己,做到模范遵守社会公德,衣着整洁得体,语言规范健康,举止文明礼貌,严于律己。幼师生作为未来的幼儿教师,更应该注重自身的修养,提高自身的综合素质,才能在未来肩负起历史的使命,为帮助幼儿塑造健康人格打下坚实基础。

一、礼仪与幼儿教师礼仪

(一)礼仪

礼仪是人类社会为维系社会正常而共同遵循的最简单、最起码的行为规范,是人们在长期的共同生活和相互交往中逐渐形成的、约定俗成的在仪容、仪表、仪态、言谈举止等方面的规范。

其中"礼"更强调尊重,它是指在人际交往中要尊重自己,尊重别人。"仪"是"礼"的表现形式。简而言之,礼仪是尊重自己、尊重别人的一种规范的行为表现形式。

(二)幼儿教师礼仪

那么,幼儿教师礼仪又是什么呢？幼儿教师礼仪是指幼儿教师在教育教学过程中表现出来的仪容仪表、言谈举止等方面的行为规范,是幼儿教师在工作岗位上待人接物、为人处世的行为规范。它是幼儿教师的师德修养、文化素质、风度气质、行为操守的外在表现。

二、幼儿教师礼仪规范的特点

幼儿教师礼仪作为幼儿教师在幼儿园中必须遵守的行为规范,具有鲜明的职业特征。这些特征主要表现为强制性、形象性、示范性、平等性。学习和掌握这些特点,对于加深对幼儿教师礼仪的理解,更好地应用礼仪规范有着重要意义。

(一)强制性

这是幼儿教师必须遵守的行为规范。遵守职业礼仪要以职业规范为核心,不能随心所欲。良好的礼仪素质是需要许多小的牺牲的。“成人不自在,自在不成人。”幼儿教师礼仪更是如此,需要幼儿教师有更多的自我克制、自我牺牲。

(二)形象性

每一位幼儿教师都应记住,当一个人处在教师职业状态时,他的功能会被成倍地放大,会影响许多幼儿,波及广大的儿童,甚至对幼儿造成终身的影响。

礼仪文化具有很高的审美价值,幼儿教师优雅的风度、端庄的仪容、大方的仪表直接作用于幼儿的感官,会让幼儿产生美的情感,给幼儿以美的熏陶和感染。这对幼儿形成正确的审美观有着非常重要的作用。

(三)示范性

幼儿教师是幼儿的“第二权威”,当幼儿离开家庭来到幼儿园的集体中,他们心中就逐渐牢牢地树立起了“教师权威”。幼儿几乎会模仿老师所有的行为模式和思维方式。所以教师的礼仪行为具有很明显的示范性。

（四）平等性

“礼”指的是尊重，即在人际交往中既要尊重自己，也要尊重别人。“仪”字顾名思义，仪者仪式也，即尊重自己、尊重别人的表现形式。在人际交往中，尊重是前提，平等是基础，即使是教师、幼儿之间也是如此。幼儿从小获得尊重并学会尊重，才能形成自尊自信的个性品质。

三、幼儿教师礼仪的基本内容

幼儿教师礼仪是幼儿教师在工作岗位上待人接物、为人处世的行为规范。具体体现在幼儿教师的师德、师表、师言、师行四个方面。

幼儿教师师德，是要求幼儿教师首先应是一名合格的公民，要遵守社会公德、有良好的职业道德，要懂得理解、尊重别人，要待人友善、真诚、宽容。

幼儿教师师表，是要求幼儿教师在理解塑造良好个人形象的重要性的基础上，掌握幼儿教师仪态礼仪（包括表情礼仪）、幼儿教师仪容礼仪、幼儿教师服饰礼仪等的内涵，并具备这些方面的礼仪行为能力。

幼儿教师师言，是要求幼儿教师通过学习，掌握幼儿教师在各种场景下用语的基本要求、特点和应注意的言语禁忌。

幼儿教师师行，是要求幼儿教师了解交往中应注意的礼仪行为规范，比如在组织幼儿的一日活动中应注意的礼仪规范、与幼儿家长交往时的礼仪规范、与同事交往时的礼仪规范、见习实习时的礼仪规范。

【达标练习】

1.案例分析：今天入园接待时兰兰很不高兴，她妈妈说：“昨天回来她非要把头发染成黄色，我不同意，她说我们班的新老师的头发是黄色。”原来昨天班上来了几位见习老师，其中一位的头发是黄色的。

请问接待老师应该怎么对兰兰说呢？

2.结合见习，谈谈幼儿教师遵循礼仪规范的重要性。

3.分组在网上搜索“为人师表”的幼儿教师榜样案例，并在班级分享。

第二节　幼儿教师学习礼仪的途径与方法

【学习目标】

1. 理解学习幼儿教师礼仪应注意的原则。

2. 掌握学习幼儿教师礼仪的方法。

3. 树立"重礼"意识，初步形成"守礼"的自觉。

【学习重难点】

学习幼儿教师礼仪的途径和方法。

【内容要点】

幼师生学习幼儿教师礼仪的途径和方法。

【情景导入】

刚来的小张老师在给小朋友讲餐前故事时，坐在椅子上跷着二郎腿，摇晃着脚。让小朋友保持安静，自己拿着故事书讲着故事，与小朋友也没有眼神交流，面无表情。

请问小张老师应在哪些方面进行提高？

【必备知识】

一、学习幼儿教师礼仪应注意的原则

（1）宽容。在将礼仪规范运用于实际活动时，一定要严于律己，宽以待人。

（2）敬人。一个具有良好礼仪风范的人一定是懂得尊敬别人的人，对幼儿同样要懂得尊敬。

（3）自律。这是礼仪的基础。礼仪的学习过程就是一个不断地学会自我约束、自我对照、自我反省、自我检视的过程。

（4）适度。礼仪学习时一定要理解和掌握其运用时的分寸，否则反而会显得不得体大方。

（5）从俗。世界上有不同的国度、民族，由于其文化背景大相径庭，所以虽然学的是规范要求，但运用时一定要注意入乡随俗，特别是要了解一些当地习惯性的做法，否则就会被认为是目中无人，反而失礼。

(6)真诚。这要求学习和运用礼仪时一定要真诚待人、守信、言行一致、表里如一。

二、幼师生学习幼儿教师礼仪的途径和方法

(一)思想上重视,树立礼仪观念和意识

行为是内在观念的外显,内在的价值观决定外在的行为表现。只有思想上重视,才会在行动中认真对待。必须在思想上重视礼仪规范和修养,意识到"人无礼则不立,事无礼则不成,国无礼则不宁",重视良好的礼仪修养对幼儿教育教学的重要性,树立认真学好礼仪规范的观念和意识。只有在"重礼"意识的驱动下,才会有学习的积极性和主动性。

(二)课堂上认真,掌握礼仪内涵和要求

礼仪课程一般有一个学期的学时。要充分利用礼仪课程的学习时间,认真钻研教材和教师提供的拓展资源,掌握幼儿教师礼仪的内涵,明确幼儿教师礼仪的具体要求。还可利用空闲的自习课堂和自己的业余时间,研读我国古代关于礼仪修养的经典书籍,如《礼记》《周礼》《仪礼》《弟子规》等,提升自身的礼仪修养。

(三)生活中践行,培养礼仪规范和习惯

礼仪教育是一种养成教育。要真正成为一名有良好礼仪素养的幼儿教师,除了在课堂上学习礼仪知识外,还要注重理论知识的实践。通过礼仪行为模拟训练,将礼仪知识外化为行为规范和习惯。礼仪作为一种行为准则和行为规范,具有极强的实用性,只有运用到实践当中去,才能使它的作用得以实现。课堂学习后,幼师生必须在生活中时刻注意自己的仪容、言语、行为,以规范的幼儿教师礼仪为标准,反省每日的行为习惯是否符合幼儿教师身份。

在课外生活和见习实习中践行时,可以通过多种方式为自己营造良好的践行氛围,如积极邀请教师、同学、见习单位教师和幼儿监督自己的每日言行,利用相机、日记等记录自己的校园行为并反思,积极参加学校组织的各种与礼

仪相关的活动。只有当文明礼貌、遵守秩序等要求渗透到日常生活当中去，才能潜移默化地发挥作用，进而形成良好的行为习惯，使“守礼”成为一种自觉。

【达标练习】

1.案例分析：到幼儿园见习，真开心。赵田被分在了月亮1班，走进教室时小朋友们正围坐在一起看电视，赵田笑容满面地进去，小朋友们都抬头看着赵田，可谁都不和赵田打招呼。于是赵田说：“小朋友们好！”小朋友们仍然愣愣地看着赵田。带班的张老师说：“宝贝儿们，今天有个新老师来参加我们的活动，你们应该说什么？”这才有一个小朋友说：“新老师好。”接着就有很多小朋友跟着说：“新老师好。”

请问：为什么小朋友一开始没有主动和赵田打招呼？

2.幼儿园见习时观察幼儿园老师，看看你最喜欢的幼儿教师是什么样的。和幼儿们交流，了解他们喜欢什么样的老师。

第二单元　师　德

合格的老师首先应该是道德上的合格者，好老师首先应该是以德施教、以德立身的楷模。

——习近平

第一节　幼儿教师的职责

【学习目标】

1.熟悉《幼儿园教师专业标准（试行）》，理解幼儿教师的职责。

2.理解师德的含义，掌握幼儿教师教书育人的内涵。

3.体会师德的重要性，树立正确的职业观。

【学习重难点】

1.《幼儿园教师专业标准（试行）》有关师德的要求。

2.幼儿教师教书育人的内涵。

【内容要点】

1.幼儿教师要以“师德为先”的原因。

2.幼儿教师师德的内涵。

【情景导入】

在教学活动中，王老师在给小朋友分发教学材料时，为了少弯腰、少走动，就直接将教学材料扔到小朋友面前。不时还出现没有扔准的情况，让小朋友自己捡起掉到地上的材料。试想，王老师的这种做法会对幼儿们产生怎样的影响呢？

【必备知识】

福禄贝尔认为：“教师是幼儿学习的指导者，是良好环境的卫士。”加里宁曾说：“一位教师必须好好检查自己，他应该感觉到他的一举一动都在严格的监督之下，世界上任何人也没有受到这样严格的监督。”

幼儿期是人生的第一阶段，是幼儿社会性发展的最佳时期。这个时期的幼儿模仿性强，幼儿教师肩负着幼儿启蒙教育的重任，幼儿教师在工作中的仪容仪表、言谈举止会被幼儿模仿，其素质的好坏直接影响到幼儿的成长和发展。幼儿教师在工作岗位上待人接物、为人处世的行为规范是幼儿教师礼仪，这种礼仪通过幼儿教师在教育教学过程中的仪容仪表、言谈举止等表现出来。所以要成为一名合格的幼儿教师，知礼、懂礼、施礼是其必备的素养。

为建设高素质幼儿教师队伍，根据《中华人民共和国教师法》，教育部2012年颁布出台了《幼儿园教师专业标准(试行)》〔2012〕1号文件，确定的维度及领域见下表：

表2-1　《幼儿园教师专业标准(试行)》的维度及领域

维度	领域
专业理念与师德	(一)职业理解与认识
	(二)对幼儿的态度与行为
	(三)幼儿保育和教育的态度与行为
	(四)个人修养与行为
专业知识	(五)幼儿发展知识
	(六)幼儿保育和教育知识
	(七)通识性知识
专业能力	(八)环境的创设与利用
	(九)一日生活的组织与保育
	(十)游戏活动的支持与引导
	(十一)教育活动的计划与实施
	(十二)激励与评价
	(十三)沟通与合作
	(十四)反思与发展

《幼儿园教师专业标准(试行)》明确提出了幼儿教师应具备的专业理念和师德,要求幼儿教师必须对自己的职业有一个正确的认识,清楚幼儿教师职业应具备的职业态度、行为和个人修养的具体内容,必须按照这些要求去塑造自己才能成为一名合格的幼儿教师。

《幼儿园教师专业标准(试行)》首先提出的基本理念就是"师德为先"。要求幼儿教师要热爱学前教育事业,具有职业理想,践行社会主义核心价值体系,履行教师职业道德规范,依法执教;关爱幼儿,尊重幼儿人格,富有爱心、责任心、耐心和细心;为人师表,教书育人,自尊自律,做幼儿健康成长的启蒙者和引路人。《幼儿园教师专业标准(试行)》将师德与专业态度作为幼儿教师职业的基准线。简单地说就是幼儿教师要在充分了解幼儿、尊重幼儿、平等对待幼儿的基础上,在育人中教书,在教书中育人。

一、在育人中教书

幼儿教育的目标是通过幼儿教师组织的活动来体现和达成的。幼儿园的活动可以划分为健康、语言、社会、科学、艺术五个领域,分别从不同的角度促进幼儿在情感、态度、能力、知识、技能等方面的发展,同时各领域的内容相互渗透。比如通过健康活动去培养幼儿愉快的情绪;通过语言活动让幼儿学会讲话礼貌;通过社会活动让幼儿学习互助、合作和分享,培养同情心;在科学活动中孩子们逐渐培养对周围的事物、现象的兴趣,爱护动植物,关心周围环境,亲近大自然,珍惜自然资源,有初步的环保意识;通过艺术活动让幼儿初步感受并喜爱环境、生活和艺术中的美。

教师的主要职责之一便是"教书",对于幼儿教师而言,即是在一日活动中组织各种活动,帮助幼儿从不同领域获得进步,促进幼儿全面、均衡地发展。"在育人中教书",则要求幼儿教师在组织活动时,要以尊重幼儿、倾听幼儿、正面积极引导幼儿为前提来展开,在为幼儿提供正面的模仿榜样中,促进幼儿知识和能力的获得。比如:下午天气真好,王老师领着小朋友们在操场上做体育游戏,小朋友们游戏着、玩耍着,非常开心,可是丽丽却跑到一边去了。她走到一朵蝴蝶花旁边,注视着那五颜六色的花朵,忽然大声喊道:"蝴蝶花上边有只小蜜蜂,大家快来看啊!"小朋友们听到喊声都跑了过去,只留下王老师一个人在活动场地，孤零零地站在那里。小朋友都把注意力集中到那只小蜜蜂上，王老师精心组织的体育游戏计划被打乱了。但王老师没有用简单粗暴的批评强行把小朋友们拉回体育游戏场地，而是选择了尊重幼儿、倾听幼儿，赶紧跟过去和小朋友一起仔细观察蜜蜂，并引导小朋友观察小蜜蜂的身体构造，“小朋友们请仔细看，小蜜蜂后面的两条腿上各有一个小桶，那是它用来盛花粉的呢”。小朋友们在愉悦的氛围中学到了关于小蜜蜂的许多科学知识。

幼儿教师教的书就是身边的事物，幼儿教师从孩子们生活周围的事情寻求启发，让孩子们去亲身体会，这样才能给孩子留下鲜活的印象。而幼儿教师教育活动中这种礼貌、规范的语言，与幼儿平等相处的行为会对幼儿的待人处事起到潜移默化的影响。

二、在教书中育人

“师德”是教师素质的灵魂，即“师魂”。一位有良好师德的幼儿教师一定是爱岗敬业，忠于职守，钻研业务，学而不厌，诲人不倦的。对于幼儿园的幼儿来说，教师有至高无上的地位，所以幼儿教师礼仪的示范性非常重要。

开学报到时，周老师所在的中班转来了一位叫小斌的孩子，不久周老师就发现小斌是一位好动、个性强、比较难带的孩子。周老师经过观察，发现小斌喜欢画画，绘画课上安静、专心，虽然他不会拿筷子，握水笔的姿势却很正确，用笔也很流畅，绘画水平超出了中班年龄幼儿的水平。周老师表扬了他，并把他的画放在老师范画的位置上。小斌收获了同伴们羡慕的眼神和热烈的掌声。很快小斌在其他活动中逐渐能与大家沟通与合作了。

周老师正因为能关爱每一位幼儿，尊重幼儿的个体差异，并能找到孩子的优势，把它作为教育的切入点，走近孩子，与孩子建立感情，才达到了增强孩子的自信心，培养孩子的责任感、集体观念和规则意识的目的。

小斌的例子告诉我们，幼儿们不仅会认真地学习老师教给的知识内容，还会模仿老师的行为模式和思维方式。因此老师的知识、眼界、品格及一言一行等，都对幼儿有重大的影响。俗话说“近朱者赤，近墨者黑”，教师自身形象能直接影响幼儿形象的塑造。幼儿通过对教师形象的观察和模仿，能形成对自己形象的定位。简单地说，教师的为人处世，待人接物都会成为幼儿的楷模，教师是幼儿的万世之师表。

【达标练习】

1.案例分析：老师在讲故事的时候，彤彤老是打扰别人，影响其他小朋友听故事。请问幼儿教师应该怎么做？

2.分组，细读《幼儿园教师专业标准（试行）》后，以小组为单位，做一次以"《幼儿园教师专业标准（试行）》与幼儿教师的礼仪教育"为主题的演讲活动，每组推荐一人在班上进行演讲（时间不少于3分钟）。

第二节　幼儿教师的素养

【学习目标】

1.理解幼儿教师应具备的素养。

2.掌握幼儿教师的素养的内涵。

3.增强职业认同感，树立争当"四有好老师"目标。

【学习重难点】

幼儿教师应具备的道德素养和个人素养。

【内容要点】

1.幼儿教师的道德素养。

2.幼儿教师的个人素养。

【情景导入】

新学期开学伊始，实习老师刘老师就遇到麻烦了，由于没注意，在组织活动时她的手指甲划破了班上一个小朋友的脸，家长找到了园长进行投诉，幼儿园追究了刘老师的责任，并要求她向家长道歉。原来，刘老师虽然上班了，但舍不得剪掉留了几年的漂亮的长指甲。这个例子告诉我们什么？

【必备知识】

幼儿教师应该具备的素养，是指幼儿教师从事教书育人职业的基本条件和要求。《幼儿园教师专业标准（试行）》明确提出幼儿教师要"具有良好职业道德修养，为人师表”。幼儿教师要为人师表，就必须要具备良好的政治素养、法律素养、道德素养、个人素养、专业素养。

一、政治素养

政治素养表现为幼儿教师的政治态度与理想信念，包括对国家大政方针、政治局势及经济形势的认知，对党的路线、方针、政策的认识，历史使命感与社会责任感的建立等，这具体体现在幼儿教师的政治立场、理论素养和道德品质三个方面，幼儿教师职业的特殊性尤其要求幼儿教师必须有坚定正确的政治方向和信仰。在教育教学活动中，必须做到：

(1)要热爱祖国、热爱社会主义、热爱人民。

(2)要拥护中国共产党的领导、坚持四项基本原则、贯彻党的教育方针。

(3)严格执行政策、严守党的纪律、坚持实事求是、辩证看待问题。

二、法律素养

《幼儿园教师专业标准(试行)》明确提出：幼儿教师要“贯彻党和国家教育方针政策，遵守教育法律法规”。

首先，幼儿教师应该是一名合格的公民，要能模范遵守党和国家的每一项法律法规。

其次，依法执教是国家对幼儿教师平时教学的要求。作为幼儿教师要熟悉《中华人民共和国未成年人保护法》《中小学教师职业道德规范》《中华人民共和国教师法》等相关的法律法规。幼儿教师对幼儿的健康成长承担着重要责任，只有熟悉有关法律知识，并切实用法律来约束自身的教育教学行为，才能做到平等对待每一位幼儿(包括发展滞后的幼儿)，才不会根据自己的好恶评价、歧视幼儿，从而在教育教学活动中，保障每个幼儿平等参与的机会，并给予公正的评价。

最后，每一位幼儿教师都应不断重温教师法中教师应当履行的义务：

(1)遵守宪法、法律和职业道德，为人师表。

(2) 贯彻国家的教育方针，遵守规章制度，执行学校的教学计划，履行教师聘约，完成教育教学工作任务。

(3) 对学生进行宪法所确定的基本原则的教育和爱国主义、民族团结的教育，法制教育以及思想品德、文化、科学技术教育，组织、带领学生开展有益的社会活动。

(4)关心、爱护全体学生，尊重学生人格，促进学生在品德、智力、体质等方面全面发展。

(5) 制止有害于学生的行为或者其他侵犯学生合法权益的行为，批评和抵制有害于学生健康成长的现象。

(6) 不断提高思想政治觉悟和教育教学业务水平。

三、道德素养

“其身正，不令而行；其身不正，虽令不从”，如果幼儿教师品德不良，会对幼儿终身发展带来非常消极的影响。概括而言，道德素养主要包括社会公德和职业道德两个方面。

(一)要遵守社会公德

社会公德是社会生活中最简单、最起码、最普通的行为准则，是维持社会公共生活正常、有序、健康进行的最基本条件。因此，社会公德是全体公民在社会交往和公共生活中应该遵循的行为准则，也是作为公民应有的品德操守。《公民道德建设实施纲要》(以后简称《纲要》)用“文明礼貌、助人为乐、爱护公物、保护环境、遵纪守法”二十个字，对社会公德的主要内容和要求做了明确规范。幼儿教师作为公民中的优秀群体，必须模范遵守社会公德。

(二)要遵守职业道德

著名的捷克教育家夸美纽斯曾说：“教师应该是职业道德卓异的优秀人物。”幼儿教师的职业道德反映了幼儿教师整个的道德面貌。它对幼儿教师的影响会直接体现在幼儿教师的兴趣、爱好等个性品质上，从而影响幼儿教师的从教行为。

职业道德的具体表现有：

1.热爱幼儿、热爱幼儿教育事业

热爱幼儿是幼儿教师最基本的品质，没有爱就没有教育。学前儿童是在与人的交往中成长的，成人的爱对他们的身心健康成长有着非常重大的影响。幼儿教师的爱也是一种教育力量和手段。

2. 对同事和家长要尊重

幼儿教师要处理好个人与个人、个人与集体的关系；要与同事团结协作，共同营造良好的教育环境；要与家长沟通，取得他们的理解，让他们参与到幼儿教育中来。

四、个人素养

（一）自信自尊

自信、自尊是现代人应该具备的个性特征。一个对自己工作没有信心，消极懈怠的人是无法做好工作的。幼儿教师自身充满自信、自尊的人格，处理问题时表现出的自信都将感染幼儿，给幼儿树立一个良好的模仿榜样。

（二）形象良好

幼儿虽然年龄幼小，但是也喜欢美好的形象。幼儿们喜欢举止大方、亲切活泼、穿着得体的教师。幼儿们会说："陈老师真好看，和妈妈一样。"在他们幼小的心灵中教师什么都懂，其形象在他们眼中无比高大，老师是幼儿学习的榜样，是他们敬仰和崇拜的对象，老师的位置往往可能在父母之上。因此教师要格外严格要求自己，谨记自己的每一句话、每一个行动都会给幼儿留下深刻的印象，谨记某些如案例中实习刘老师的不当行为还会成为幼儿园的安全隐患。因此幼儿教师必须要注意自己的仪表和举止。

（三）自学能力

"活到老，学到老"，幼儿教师职业更需如此。面对日益更新的社会现实，国家政府新颁发的教育政策法规、幼儿教育界的最新趋势、更好的幼儿教育观念，都要求幼儿教师要不断学习，才能跟上时代的变化。同时，面对所教幼儿的个体差异、在教学活动中暴露的个人短板，更需要幼儿教师深入钻研幼儿教育经典理论，提高自身素质。总之，幼儿教师需要不断地吸取新知识、学习新技能，不断开阔眼界、提高自身的素质，以跟上时代的变化。

五、专业素养

(一)爱心和童心

《幼儿园教师专业标准(试行)》规定:幼儿教师要"尊重幼儿人格,维护幼儿合法权益,平等对待每一位幼儿。不讽刺、挖苦、歧视幼儿"。要"富有爱心、责任心、耐心和细心"。

幼儿教师不仅要爱漂亮的幼儿,更要爱长相一般甚至丑陋和有缺陷的幼儿;不仅要爱聪明的幼儿,更要爱智力发展速度缓慢甚至迟钝的幼儿;不仅要爱听话的幼儿,更要爱调皮的甚至有许多问题行为的幼儿;不仅要爱家庭富裕、家长社会地位高的幼儿,更要爱平民甚至家境贫寒的幼儿。

童心是教师通往每个幼儿的心灵世界的桥梁。好的幼儿教师往往是幼儿的"忘年交",是幼儿群体中的一分子,他们保持了一颗纯真的童心,积极参与幼儿们的各种活动,和他们一起游戏、讲故事、说悄悄话。在这种平等的关系中,教师就能够和幼儿之间产生情感上的交流,就会在幼儿内心引起"共鸣",发现每一个幼儿身上的"闪光点",教育工作才会有更良好的基础。

(二)执着事业心

幼儿园的日常工作是琐碎和平凡的,同时情况又是复杂多变的,有时幼儿的行为不正确,有时幼儿的生活又需要教师特殊的照顾,在这样艰巨的工作下,许多教师不免会出现烦躁情绪,而这种情绪会传递给敏感的幼儿,使他们感到焦虑不安。所以教师应该对幼儿教育工作的特点有一个正确的认识,有充分的准备,坚定信念,保持一颗执着的事业心。

(三)沟通能力

幼儿教师要善于用语言和非语言的方式表示关注、接受和鼓励幼儿的谈话。

如教师用关注的目光注视幼儿,用点头、抚摩幼儿表示鼓励和对幼儿谈话的兴趣,使幼儿感到"老师很喜欢听我说"。教师在倾听幼儿说话时要有耐心,细心揣摩和理解幼儿语言中所蕴含的意义。在与幼儿沟通的时候,也可以表达自己的思想和情绪,使幼儿了解教师的想法。

（四）组织活动能力

教师要想给幼儿一杯水，自己首先要有一桶水。幼儿教师要有广博的专业知识和技能技巧。在设计教育活动时，能够根据幼儿的思维特点，准备大量的教学工具、用具，让他们动脑、动手、动口，充分调动各种感官。能以启发诱导的方式和发散式的提问形式，激发幼儿学知识的愿望。

总之，幼儿教师一定要摒弃原来那种认为幼儿教师只要会吹拉弹唱跳就可以胜任工作的错误观念。请看快乐童年幼儿园新老师的入职誓词："在成为快乐童年幼儿园幼儿教师的这一刻，我庄严宣誓，从这一刻起，我决定无条件地爱孩子，蹲下来倾听孩子的心语，走进孩子的内心世界；孩子的利益永远高于我的利益；我将努力钻研教育技术，不断提升我的技能和修养，并成为终身学习的实践者和示范者；我会向更有经验的同事请教，尊重每位教师的价值和信念，尊重儿童及家长的尊严、价值和特性，努力同父母一起成为孩子的启蒙老师，对我听到、看到和知道的儿童及其家庭隐私保守秘密；我承诺，我一定保持幼儿教师职业的荣誉和高尚传统，在我的职业生涯中履行以上誓言，为实现儿童的幸福和我们的教育使命努力工作！"幼儿教师工作对象的特殊性需要从业者投入全身心的爱与尊重，而这正是我们礼仪规范的核心内涵，也是幼儿教师职业的灵魂！

【达标练习】

1. 案例分析：小班幼儿刚入园时，总会出现哭闹现象，甚至害怕到园。请问这是为什么？幼儿教师应怎么做才能帮助幼儿解决入园困难的问题？

2. 分组，上网搜索幼儿教师誓言的有关资料，各组写一份幼儿教师誓言，并全班分享。然后共同修改一份，作为全班诵读的"幼儿园幼儿教师誓词"。

3. 上网搜索习近平总书记关于教育的重要论述，并分组分享。

第三单元　师　表

在达到理智的年龄以前，孩子不能接受观念，而只能接受形象。

——卢梭

第一节　幼儿教师的仪态礼仪规范

【学习目标】

1. 理解幼儿教师养成规范仪态的重要性。

2. 学会规范站姿、坐姿、走姿等的动作要领，通过正确的训练提升个人礼仪。

3. 拥有良好的社交礼仪，能根据场合的不同，有针对性地应用体态语言。

【学习重难点】

1. 幼儿教师规范仪态的重要性。

2. 规范站姿、坐姿、走姿等的动作要领。

【内容要点】

1. 幼儿教师仪态及仪态美的内涵。

2. 幼儿教师站姿、坐姿、走姿等基本仪态礼仪规范。

3. 幼儿教师的举止禁忌。

【情景导入】

幼儿园礼仪教育活动前，张老师对幼儿们提出要求："小朋友们，要站直，背要挺……"话还没说完，一个小朋友说："张老师，您的背都是弯的。"

【必备知识】

一、仪态及仪态美

仪态，是人的姿势、举止、动作和样子。不同国家、不同民族以及不同的社会历史背景，对不同阶层、不同特殊群体的仪态都有不同标准或要求。

仪态主要表现在站、坐、行、卧等方面。我们的祖先对这几种姿态有着形象的比喻:“站如松”“坐如钟”“行如风”“卧如弓”。“站如松”是指头、颈、躯干、脚纵轴在一垂直线上,挺胸,收腹;“坐如钟”是指端正的坐相,挺胸、收腹、肩平头正,眼朝前方,四肢摆放规矩;“行如风”是指正确的走相,轻盈灵巧、平稳、协调,步伐均匀;“卧如弓”是指良好卧姿,右侧弓卧,全身放松,手脚摆放自然。

仪态美即姿势、动作的美,是人体的静态美和动态美。一般而言,注重仪态美有四个标准:一是仪态文明,要求仪态显得有修养,有礼貌,不应在他人面前有粗野动作和形体。二是仪态自然,要求仪态既要规则庄重,又要表现得大方实在。不要虚张声势,装腔作势。三是仪态美观,这是高层次的要求。它要求仪态要优雅脱俗,美观耐看,能给人留下美好的印象。四是仪态敬人,要求禁止出现失敬于人的仪态,要通过良好的仪态来体现敬人之意。培根说:“相貌的美高于色泽的美,而秀雅合适的动作的美,又高于相貌的美。”这是因为仪态比相貌更能表现出人的精神气质。

幼儿教师的仪态应灵活而不轻浮,庄重而不呆滞。车尔尼雪夫斯基说:“动作敏捷、从容,这在人的身上是令人陶醉的,因为这只有在生得好而且端正的条件下才有可能;生得不好的人既不可能有良好的步伐,也不可能有优美的动作,因为动作的敏捷与优美,是人体端正和匀称发展的标志,他们无论在什么地方,都会令人喜爱的。”

二、幼儿教师仪态礼仪规范

弗兰西斯·培根曾说:“就形貌而言……优雅行为之美胜于单纯仪容之美。”举止是一种无声的语言,展示的是人的精神状态和文化修养。幼儿教师的举止,是幼儿教育的一种精神环境。比如,老师在批评小朋友时,如果情绪激动,不顾及小朋友的感受,声音大,语气嘲讽,而且还不时用手指推小朋友脑袋,这样的举止很容易导致小朋友形成负面心理。

举止规范作为幼儿教师的体态语言,更多的是通过一系列的习惯动作构成特定身体语言。所以,幼师生非常有必要注重日常举止规范的训练,养成文明行为习惯,从而通过细节体现出幼儿教师的素养,增强幼儿教师形象的魅力,增加幼儿教师职业的专业化,从而提高职业行为的可信度。

幼儿教师仪态规范要符合文明、优雅、敬人的要求。

文明，即要自然、大方，不野蛮，有较强的文化修养。

优雅，即美观不粗俗。

敬人，即友善，尊重他人。

（一）幼儿教师的基本仪态礼仪

幼儿教师的基本仪态礼仪分为：站姿礼仪规范、坐姿礼仪规范、走姿礼仪规范、俯姿礼仪规范、蹲姿礼仪规范、手势礼仪规范、目光礼仪规范、表情礼仪规范、首语礼仪规范、眉的礼仪规范、嘴的礼仪规范以及幼儿教师的举止禁忌。

（二）幼儿教师仪态礼仪的规范要求

1.站姿

表3-1　站姿的规范要求

内容	操作标准	基本要求
标准站姿	（1）正向抬头，双目平视前方，嘴唇微闭，面带微笑，自然平和 （2）两肩平行、放松，稍往下压，使人体有向上的感觉 （3）躯干挺直，身体重心应在两腿的中央，做到挺胸、收腹、立腰（这样会给幼儿以“力度感”） （4）双臂自然下垂于身体两侧（图3-1），或双手交叉放于小腹处（图3-2） （5）双腿直立，两足分开20厘米左右的距离或脚跟靠拢，脚尖呈“V”字形（图3-3）。女幼儿教师两脚可并拢（图3-4）	站得端正、自然、亲切、稳重，即要做到“站如松”
在组织教育活动时站的位置	组织教育活动时，活动室的前中央为幼儿教师站立的最佳位置。（除两边的幼儿之外，大多数幼儿是直视的，这对保护视力有益处。若站在一角，则大部分幼儿的视线是斜的。踱步频繁，幼儿目光随之移动，久而久之对幼儿的视力也会有影响）	
幼儿回答问题时的站姿	（1）幼儿回答问题时，幼儿教师身体要微微前倾 （2）幼儿回答问题时，幼儿教师错误的站姿： ①自己做其他事情，背对幼儿，不仅不礼貌，幼儿也不能从老师的表情中判断自己的回答是否正确，是否需要继续回答 ②双手放在裤袋里或两手反在背后（图3-5）	

图 3–1

图 3–2

图 3–3

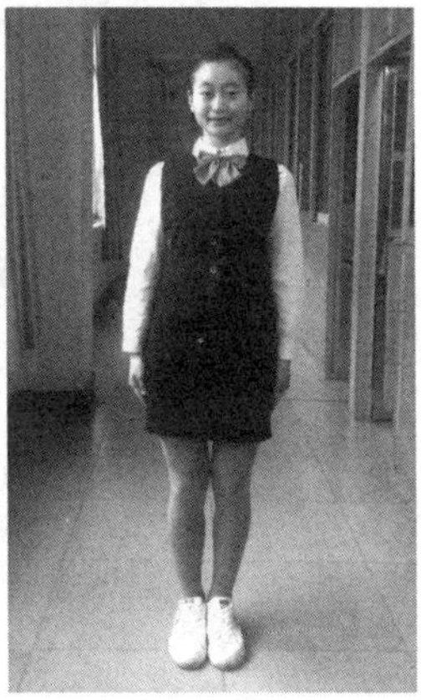

图 3–4

图 3–5

2.坐姿

表3-2　坐姿的规范要求

<table>
<tr><th>内 容</th><th>操作标准</th><th>基本要求</th></tr>
<tr><td>基本坐姿</td><td>(1)入座时，要轻而缓，走到座位前面转身，右脚后退半步探椅，左脚跟上，然后轻轻地坐下
(2)女用手向前抚裙
(3)坐下后，上身直正，头正目平，嘴巴微闭，面带微笑，腰背稍靠椅背，两手相交放在腹部或两腿上，两脚平落地面。男两膝间的距离以一拳为宜，女则以不分开为好(图3-6)</td><td rowspan="6">坐姿的基本要求是“坐如钟”，具体要求是：坐得端正、稳重、自然、亲切，给人一种舒适感</td></tr>
<tr><td>两手摆法</td><td>(1)有扶手时，双手轻搭或一搭一放
(2)无扶手时，两手相交或轻握放于腹部；左手放在左腿上，右手搭在左手背上；两手呈八字形放于腿上，如女着裙装，双手交叉放于腿中央</td></tr>
<tr><td>两腿摆法</td><td>(1)凳高适中时，两腿相靠或稍分，但不能超过肩宽
(2)凳面低时，两腿并拢，自然倾斜于一方(图3-7)
(3)凳面高时，一腿略搁于另一腿上(图3-8)</td></tr>
<tr><td>两脚摆法</td><td>(1)脚跟与脚尖全靠或一靠一分
(2)也可一前一后，或右脚放在左脚外侧(图3-9)</td></tr>
<tr><td>“S”形坐姿</td><td>上体与腿同时转向一侧，面向对方，形成一个优美的“S”形坐姿</td></tr>
<tr><td>其他坐姿</td><td>(1)两腿膝部交叉，一脚内收与前腿膝下交叉，两腿一前一后着地，双手稍微交叉放于腿上
(2)起立时，右脚向后收半步探椅，而后站起，女抚裙起身</td></tr>
</table>

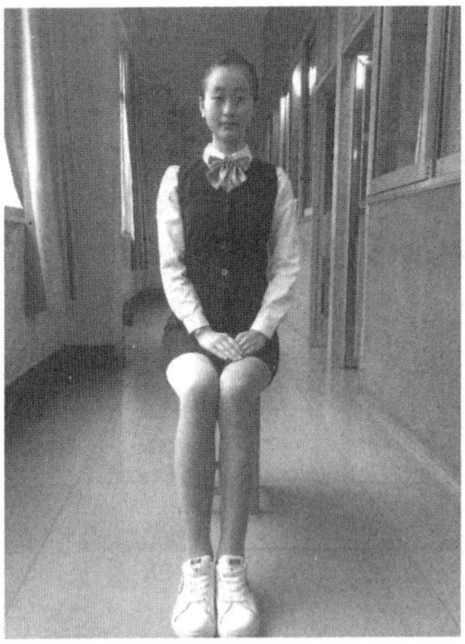

图3-6

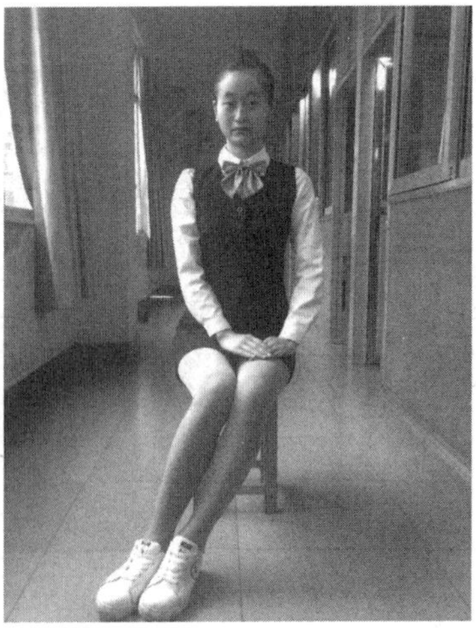

图3-7

图 3-8

图 3-9

3.走姿

表3-3 走姿的规范要求

内容	操作标准	基本要求
一般走姿	(1)方向明确。在行走时,必须保持明确的行进方向,尽可能地使自己犹如在直线上行走,不突然转向,更忌突然大转身 (2)步幅适中。就一般而言,行进时迈出的步幅与本人一只脚的长度相近。即男每步约40厘米,女每步约36厘米 (3)速度均匀。在正常情况下,男每分钟108~110步,女每分钟118~120步。不突然加速或减速 (4)重心放准。行进时身体向前微倾,重心落在前脚掌上 (5)身体协调。走动时要以脚跟先着地,膝盖在脚步落地时应当伸直,腰部要成为重心移动的轴线 (6)体态优美。做到昂首挺胸、步伐轻松而矫健,最重要的是:行走时两眼平视前方,挺胸收腹,直起腰背,伸直腿部(图3-10、图3-11)	(1)“行如风”,即走起来要像风一样 (2)走路时最忌内八字和外八字,其次是弯腰弓背,摇头晃脑,大摇大摆,上颠下跛;也不要大甩手,扭腰摆臂,左顾右盼;也不要脚蹭地面,不要将手插在裤兜里 (3)男行走,两脚跟交替前进在一线上,两脚尖稍外展,通常速度较快,脚步稍大,步伐奔放有力,称“平行步”,充分展示男性的阳刚之美。女行走,两脚尖稍外,两脚交替走在一条直线上,脚尖正对前方,称“一字步”,以显优美
陪同别人的走姿	(1)同“一般走姿” (2)引领时,位于对方侧前方2~3步,按对方的速度行进,不时用手势指引方向,招呼客人	
与同事同行走姿	(1)同“一般走姿” (2)不可并肩同行,不可嬉戏打闹,不可闲聊	

续表

内容	操作标准	基本要求
与别人反向而行走姿	(1)同“一般走姿” (2)接近别人时，应放慢速度；与别人交会时，应暂停行进，空间小的地方，要侧身，让对方通过后再前进	(4)男穿西装时，走路的幅度可略大些，以体现出挺拔、优雅的风度；女着旗袍和中跟鞋时，步幅宜小些，以免因旗袍开衩较大，露出大腿，显得不雅；女着长裙行走要平稳，步幅可稍大些，因长裙的下摆较大，更显得女子修长、飘逸潇洒；年轻女子穿着短裙(指裙长在膝盖以上)时，步幅不宜太大，步频可稍大些，以保持轻盈、活泼、灵巧、敏捷
与别人同向而行走姿	(1)同“一般走姿” (2)尽量不超过别人；实在必须超过，要先道歉后超越，再道谢	

图 3-10

图 3-11

4. 俯姿

表3-4　俯姿的规范要求

<table>
<tr><th>内容</th><th>操作标准</th><th>基本要求</th></tr>
<tr><td>15°</td><td>动作要领见“基本要求”，面带微笑，眼睛看向对方，以髋关节带动上身向前倾15°(见面打招呼)(图3-12)</td><td rowspan="4">身体直立，正对受礼者，男性双手自然下垂于体侧，女性则将双手在体前轻握，以髋关节为轴，腰、背、颈、头呈一条直线，身体前倾。
问候语、告别语、歉意语说完再行鞠躬。</td></tr>
<tr><td>30°</td><td>动作要领见“基本要求”，面带微笑，眼睛看向地面1.5米处，以髋关节带动上身向前倾30°(表示感谢)(图3-13)</td></tr>
<tr><td>45°</td><td>动作要领见“基本要求”，面带歉意，眼睛看向地面1米处，以髋关节带动上身向前倾45°(表示非常抱歉)</td></tr>
<tr><td>禁忌</td><td>(1)鞠躬时忌站立不直或不站立
(2)忌边走边鞠躬，边说话边鞠躬
(3)鞠躬时忌吃东西、抽烟、东张西望、晃头晃脑
(4)忌手插衣裤口袋或双手提拿物品</td></tr>
</table>

图3-12

图3-13

5.蹲姿

幼儿教师的生活和工作中用到这个动作的机会很多。如日常生活中，蹲下捡东西或者系鞋带，而幼儿教师在与幼儿谈话时也应采用蹲姿，使双方的目光处在同一水平线上。所以幼儿教师要学会美观大方的蹲姿。

表3-5　蹲姿的规范要求

内容	操作标准	基本要求
女性蹲姿	蹲姿的基本要领是:交叉式蹲姿 具体的要求是下蹲时右脚在前，左脚在后，右小腿基本垂直于地面，全脚着地。左腿在后与右腿交叉重叠，左膝由后面伸向右侧，左脚跟抬起脚掌着地。两向腿前后靠紧，合力支撑身体。臀部向下，上身稍前倾(图3-14)	站在所取物品的旁边(或幼儿对面)蹲下屈膝，而不要低头，也不要弓背，要慢慢地把上身降低，两腿合力支撑身体，掌握好身体的重心，臀部向下
男女通用蹲姿	高低式蹲姿 蹲下时左脚在前，右脚稍后(不重叠)，两腿靠紧向下蹲。左脚全脚着地，小腿基本垂直于地面，右脚脚跟提起，脚掌着地。右膝低于左膝，右膝内侧靠于左小腿内侧，形成左膝高右膝低的姿势，臀部向下，基本上以右腿支撑身体(图3-15)。男士选用这种蹲姿时，两腿之间可有适当距离	

图3-14

图 3-15

6. 手势

表 3-6　手势的规范要求

内容	操作标准	基本要求
正常垂放(三种)	正常垂放(使用最多的手势之一) (1)双手指尖朝下,掌心向内,手臂伸直后贴于两腿裤线处 (2)双手伸直后自然相交于小腹,掌心向内,右手在上,左手在下,自然交握,大拇指不露 (3)一手贴裤线自然垂放,另一手屈臂掌心向内搭在腹前(图 3-16)	(1)手势动作自然,力度适中,不夸大,不做作 (2)依身材决定手势大小。身材娇小者宜放大手势 (3)手势应多变化,但也不要太过频繁,让学生眼花缭乱 (4)不做手势时,双手可自然垂放于身体两侧 (5)教师应避免自己习惯性的小动作 (6)注意不同场合手的位置
自然搭放	身体直立,两臂自然垂放于课桌上,肘部朝外,双手放置于课桌上,四指指尖朝前,拇指与其他四指稍分离(图 3-17)	不可将上半身趴伏在桌上,或整个手掌支撑在桌上
手持物品	(1)稳妥。手持物品时,可根据物品重量、形状及易碎程度采取相应手势,切记确保物品的安全。尽量轻拿轻放,防止伤到幼儿或伤到自己(图 3-18) (2)自然。手持物品时,教师可以根据本人的能力与实际需要,酌情采用不同的姿势,但一定要避免在持物时手势夸张、"小题大做",失去自然美(图 3-19) (3)到位。就是持物到位 (4)卫生	身体的其他部位姿势规范,与手势动作协调

续表

<table>
<tr><th>内容</th><th>操作标准</th><th>基本要求</th></tr>
<tr><td>递接物品</td><td>(1)用双手为宜。有可能时,双手递物给对方最佳;不方便双手并用时,也应尽量采用右手。以左手递物,通常被视为失礼之举(图3-20)
(2)递到手中。递给对方的物品,应直接交到对方手中为好;不到万不得已,最好不要将所递的物品放在别处
(3)主动上前。若双方相距过远,递物者应主动走近接物者;假如自己坐着的话,还应尽量在递物时起立(图3-21)
(4)方便接拿。在递物时,应该为对方留出便于接取物品的空间,不要让其感到接物时无从下手。将带有文字的物品递交他人时,还须使之正面朝向对方(图3-22)
(5)尖、刃向内。将带尖、带刃或其他易于伤人的物品递给对方时,切勿以尖、刃直指对方。应使尖、刃朝向自己,或是朝向他处</td><td rowspan="2">(1)不可指指点点。绝不可随意对幼儿指指点点,因为它含有教训人的味道,是不礼貌的行为
(2)不可随意摆手。一只手臂伸在胸前,指尖向上,掌心向外,左右摆动。这个动作含有拒绝别人和极不耐烦之意
(3)不可端起双臂。双臂抱起,端在胸前,往往含有孤芳自赏、自我放松或是置身事外、袖手旁观、看人笑话之意
(4)不可双手抱头。这一体态会给人以目中无人的感觉
(5)不可摆弄手指。工作中空闲时不可反复摆弄自己的手指、关节或将其捻响,或者莫名其妙地攥拳或松拳、手指动来动去
(6)不可手插口袋。这种表现会使人觉得在工作方面并未尽心尽力
(7)不可搔首弄姿。这种姿态给人以矫揉造作之感
(8)不可抚摸身体。工作时不能习惯性地抚摸自己的身体,如摸脸、擦眼、搔头、挖鼻、剔牙、抓痒等</td></tr>
<tr><td>展示物品</td><td>(1)便于观看。展示物品时,一定要幼儿观看,因此一定要将被展示物品正面朝向幼儿,举到一定的高度,并使展示的时间能让幼儿充分观看。当四周皆有幼儿时,展示还须变换不同角度(图3-23)
(2)操作标准。在展示物品时,不论是口头介绍还是动手操作,均应符合相关标准。解说时应口齿清晰,语速舒缓;动手操作时,则应手法干净利索,速度适宜,并进行必要的重复
(3)手位正确。在展示物品时,应使物品在身体一侧展示,不宜挡住本人头部。具体而言,一是将物品举至高于双眼之处,这一手位适宜于被人围观时采用;二是双臂横伸将物品向前伸出,活动范围自肩至肘之处,这一手位易给人以安定感(图3-24)</td></tr>
</table>

续表

内容	操作标准	基本要求
招呼	(1)要使用手掌,而不能仅用手指 (2)要掌心向上,而不宜掌心向下 (3)手指最高不高于肩,最低不低于腰部 (4)根据场合变化,手臂位置有所不同,如"请坐"(图3-25),"请上楼"(图3-26),"大家好"(图3-27)	
举手致意	当老师忙于工作,幼儿叫他且无暇分身时,向其举手致意可消除误会,消除对方的被冷落感。正确做法是: (1)面向对方。举手致意时,应全身直立,面向对方,至少上身与头部要朝向对方,在目视对方的同时,应面带笑容 (2)手臂上伸。致意时应手臂自下而上向侧上方伸出,手臂既可略有弯曲,亦可全部伸直 (3)掌心向外。致意时须掌心向外,即面向对方,指尖朝向上方,同时,切忌伸开手指	
握手	(1)注意先后顺序。握手时双方伸出手来的先后顺序应为"尊者优先",即地位高者先伸手,地位低者后伸手 (2)注意用力大小。握手时力量应当适中,用力过重与过轻,同样都是失礼的 (3)注意时间长度。与人握手时,一般握3~5秒即可。没有特殊的情况,不宜长时间握手 (4)注意相握方式。通常,应以右手与人相握。握手时,应首先走近对方,右手向侧下方伸出,双方互相握住对方的手掌。被握住的部分,应大体上包括自手指至虎口处。双方手部相握后,应目视对方双眼(图3-28)	
挥手道别	(1)身体站直。尽量不要走动、乱跑,更不要摇晃身体 (2)目视对方。目送对方远去直至离开,若不看道别对象,便会被对方理解为"目中无人"或敷衍了事 (3)手臂前伸。道别时,可用右手,也可双手并用,但手臂应尽力向前伸出,注意手臂不要伸得太低或过分弯曲 (4)掌心朝外。挥手道别时,要保持掌心向外,否则是不礼貌的(图3-29) (5)左右挥动。挥手道别时,要将手臂向左右两侧轻轻地来回挥动,但尽量不要上下摆动	

图 3-16

图 3-17

图 3-18

图 3-19

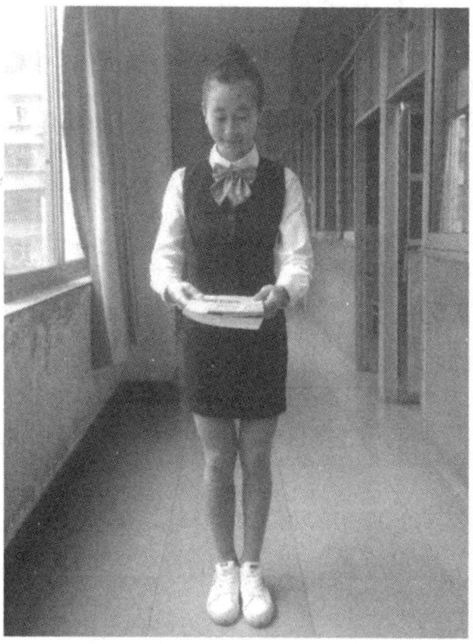

图 3-20

图 3-21

图 3-22

图 3-23

图 3-24

图 3-25

图 3−26

图 3−27

图 3−28

图 3-29

7. 目光

"眼睛是心灵的窗户。"在幼儿教师的仪态中，眼睛是最能沟通心灵、表达感情的。与人交往中合理运用目光是一种重要的礼仪规范。目光可以表现出对对方的友好、亲切与关爱。当人们想表达一种事情，而又不能用语言来表达之时，往往用眼睛来传达，这就是用眼睛传情达意，进一步使对方领悟自己的意图。

图 3-30

在工作中最大限度地运用目光的表现力，能够创造一个最佳效果的交际氛围。在谈话中注视对方的角度，是关乎对交往对象的亲疏距离与对人态度的问题。在社会中与人交往，应用直视、平视、正视、凝视等目光。目光注视对方时间的长短也是有一番讲究的，要根据关系亲疏和对对方表示友好重视的程度，来决定目光注视时间的长短。

表3-7　目光的规范要求

仪态项目	教学目光运用类型	运用礼仪规范
目光	扩散式 Z字式 巡视式 直视式	开口说话前,先用眼光扫描全体幼儿,这样幼儿就知道老师正看着他,而提醒自己也必须看着老师 眼睛要散发自信、活力、愉快。眼睛不可离开幼儿,而且要配合身体的转动,让每个幼儿都能接收到老师关爱的眼神。在活动时,教师的眼神必须配合活动内容而改变。当幼儿有好的表现时,不妨传递出赞赏、嘉勉、期望的眼神;反之,当幼儿有不良行为时,也可用眼神制止他,传达出老师已经在注意他的讯息

注:扩散式是一种视线有意识地自然流转,环顾全体幼儿的目光。

Z字式是一种视线有意识地从全体小朋友的左边到右边,再从右边到左边,前排到后排,后排到前排的眼神,与全体幼儿都保持眼神接触的目光。

巡视式是一种由关注一位幼儿到关注部分幼儿的目光,一般速度较慢,频率较小。

直视式是一种重点地关注某一位幼儿,并与其有视线交流的目光。

8.表情——微笑

著名心理学家艾伯特·梅拉比安认为信息的全部表达是由语言和非语言的沟通共同完成的。其中有声语言45%(语言7%,声音38%)和无声语言55%,可见表情在人们交往中的重要性。在幼儿教师的工作中,表情可以传递信息,影响与幼儿、家长等的沟通效果。美国前总统林肯曾说:“一个人过了40岁就该对自己的脸孔负责。”这话是不无道理的。人的面貌虽然是先天生成的,但一个人的面部表情可以随着人的心理活动而改变。表情是一个人人格、气质和文化修养的具体体现。表情既可以流露出美好情怀,也可以反映出一个人的心计。表情是每个人自身拥有的一笔宝贵财富,这笔财富可以将自己的人格魅力充分展现出来。

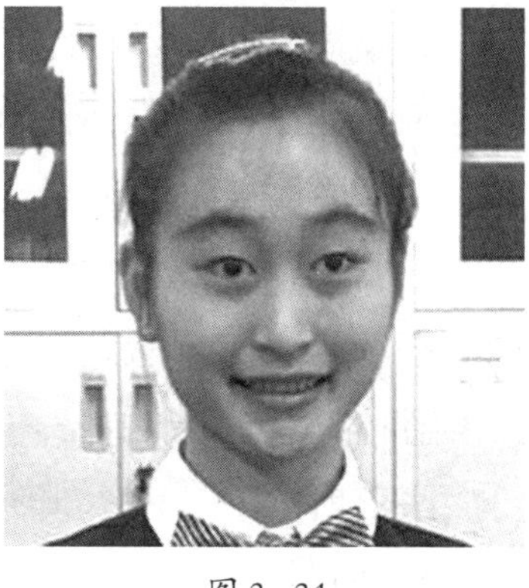
图3-31

面部表情是一个人内心情绪的外在表现,常常体现一个人的个性。人们常说的“察言观色”“心如其面”,就是告诉人们看人要先看脸,见脸如见心。因为在体态语言中,面部表情的“词汇”最丰富,也最有表现力。它能最迅速、最敏感、最充分地表现出人类的各种情感,如喜、怒、忧、思、悲、恐、惊。人们可以从面部的微妙变化中,看到一个人错综复杂的情感变化。

面部肌肉的收展也是情感的自然流露。一般是喜则眉飞色舞，怒则咬牙切齿，哀则愁眉苦脸，乐则笑容满面。

幼儿教师的表情包括职业式、亲和式、问询式，要求能展示良好心境，自信、友善、敬业。

9.首语(即头部语言)

头部动作在表情达意方面的表现力是比较强的，幼儿教师常见的头部动作有点头、摇头、昂头、低头等。

(1)点头：在不同的情况下表达的意思也各有不同。

点头称是、点头会意、点头咂嘴——表示同意、肯定、赞赏和满意。

点头微笑——表示致意、感谢、客气、恭顺等。

(2)摇头：一般表示否定、反对、阻止或不以为然的态度。

摇首吐舌、摇首咋舌——表示惊讶、怀疑、不理解。

摇首顿足——表示不满和无可奈何等。

(3)头发：有保护头部和美容修饰的作用，也能起到表情达意的效果。

怒发冲冠——表示异常愤怒。

毛发直立——表示害怕至极。

耳鬓厮磨——表现亲密相处。

(4)在教学活动过程中，头部表现出正、倾、侧等姿态，也反映出教师的不同心态。

身体直立，头部端正——表现出一种自信和庄重的风度。

头部前倾——表示倾听、同情和关心。

头部侧斜——表示对对方的谈话颇感兴趣。

10.眉

眉同样能传递信息，虽然其准确性和丰富性不及眼睛，但也能表露人的真情实感。眉毛的不同动作和状态，代表了不同信息。

(1)双眉平展。表示身心欢悦而平和。

(2)眉稍微挑。表示询问和怀疑。

(3)眉头紧皱。表示不满、为难、厌烦或者思索、考虑。

(4)眉梢耷拉。表示无奈、遗憾、毫无兴趣或百无聊赖。

(5)双眉向上斜立。表示气恼、愤怒和仇恨。

11.嘴

在面部表情中，不可忽视嘴部的作用，嘴传情达意的能力仅次于眼睛。在工作时、谈话时上下唇应自然开合，尽量少努嘴和撇嘴。站立、静坐或握手时，嘴可以微闭，不要露出牙齿，保持微笑状。不同的嘴部动作，通常表示不同含意。

(1)嘴唇闭拢。表示和谐宁静、端庄自然。

(2)嘴唇半开。表示疑问、奇怪、有点惊讶，如果全开就表示惊骇。

(3)嘴角向上。表示善意、礼貌、喜悦。

(4)嘴角向下。表示痛苦悲伤、无可奈何。

(5)嘴唇撅着。表示生气、不满意。

(6)嘴唇紧绷。表示愤怒、对抗或决心已定。

幼儿教师了解以上的仪态礼仪知识，可以以此观察幼儿，因势利导，并做出进一步的教育教学行为。

(三)幼儿教师举止禁忌

背对幼儿、居高临下、不正眼看幼儿、手指指点点等。

【达标练习】

1.案例分析：星星2班王老师是才分到幼儿园的新老师，她工作努力尽心，但最近她常被家长投诉到园长这里，家长反映王老师在与家长和小朋友交流时几乎没有笑容，让家长觉得没有亲和力，班上的小朋友也不喜欢她，个别幼儿还不愿上幼儿园。

请问王老师为什么会被投诉呢？我们该怎么帮助她？

2. 每天站位练习10～15分钟。

3. 每天对镜微笑5分钟。

4.不用故作姿态，请同学用照相机随意拍下你的坐立行走的姿势，各个侧面各种动作都要拍到(有录像机更好)，然后再按规范要求拍一组坐立行走的照片，连续一个月，每天把照片对比着看一次。

5.分组研讨制订班级礼仪评分表，并记录个人礼仪表现。

第二节　幼儿教师的仪容礼仪规范

【学习目标】

1. 理解幼儿教师注意仪容礼仪的重要性。

2. 能根据幼儿教师工作的性质，正确地修饰自己的仪容。

3. 增强自信，能够时刻律己敬人。

【学习重难点】

正确地选择适合自己的化妆色彩及色彩的搭配。

【内容要点】

1. 幼儿教师的发式美。

2. 幼儿教师的面部修饰。

3. 幼儿教师应注意的其他仪容礼仪。

【情景导入】

小班里的佳佳小朋友非常喜欢白雪公主，是个爱漂亮的小女孩。对老师的观察也很仔细，一天佳佳看见老师涂了手指甲，觉得非常漂亮，多次对老师说老师指甲好漂亮。放学时佳佳第一件事就是要求妈妈给她涂指甲，但家长觉得指甲油对身体有影响，不愿答应佳佳的要求。佳佳立刻发脾气，佳佳妈妈无可奈何。

【必备知识】

仪容是指一个人的容貌，它包括发式、面容、脸色等状态，它反映了一个人的精神面貌，是传达给接触对象感官的最直接、最生动的第一信息。

影响幼儿身心发展的决定因素是环境。《幼儿园工作规程》指出："要创设与教育相适应的良好环境。"良好环境包括物质环境和精神环境。在幼儿园，教师、保育员是教育者，更是幼儿园精神环境中的主要因素。身教胜于言传，这是教育工作的重要规律。教师的表率作用对幼儿的成长有特殊的影响。教师的一举一动、一招一式，甚至一个发型也会使幼儿耳濡目染，起到潜移默化的作用。

图 3-32

作为幼儿行为示范的幼儿教师，其发型、妆容应该是让幼儿接受、让幼儿喜欢，并且不影响教育活动开展的。所以幼儿教师应懂得正确的仪容礼仪规范。

一、幼儿教师的发式美

（一）式样

1.根据自身特点如发质、脸型、体型、年龄、气质等选择适合自己的发型。

2.据工作环境等的不同，选择合适的发型。

（1）无论款式如何，最重要的是干净，不然就显出懒人的真性。

（2）如果喜爱电发，就更要注意梳理，否则容易让幼儿们联想到鸡窝之类。

（3）不要戴假发（除非迫不得已），因为会让幼儿们研究个没完没了，并且他们会不断地猜想老师光头的样子。

（4）教师的表率作用对幼儿的成长有特殊的影响，把头发染得鲜艳夺目会让所有的人注视你，如果你认真观察，会发现这些眼光绝对不是尊敬和羡慕的。

（二）装饰

不过度使用装饰物，应做到精致大方，色彩要和服装协调。

二、幼儿教师的面部修饰

（一）化妆的原则

（1）修整自然。应以自然、淡雅为宜。

（2）化妆得法。化妆时，遵守一定的顺序和手法。

（3）整体协调。在化妆时，应努力使整个妆面协调，并且应与全身的装扮协调，与所处的场合协调，与当时的身份协调，以体现出自己慧眼独具、品位不俗。

（4）注重礼节。女士在出席正式场合前化妆是对他人的尊重。幼儿教师在上课前化点淡妆幼儿们也会更喜欢。

（二）化妆品的分类

化妆品按使用部位和目的分为：

（1）护肤化妆品。用于清洁皮肤，补充皮脂，滋润皮肤，促进皮肤的新陈代谢等。

（2）毛发化妆品。用于使头发保持天然、健康、美观，以及修饰和固定发型，包括护发、洗发和剃须用品。

（3）口腔卫生用品。用于清洁口腔和牙齿，防龋消炎，祛除口臭。

（4）美容化妆品。用于修饰容貌，发挥色彩和芳香效果，增进美感。

（5）特殊用途化妆品。用于育发、染发、烫发、脱毛、丰乳、健美、除臭、祛斑、防晒等。

（三）化妆的基本程序

（1）清洁面部。用温水及洗面奶彻底洗去脸上的油脂、汗水、灰尘等，以使妆面清洁。

（2）护肤。将适量爽肤水、眼霜（眼周部位）、精华、乳液或面霜、防晒隔离霜依次涂于面部。

（3）基础底色。选择适合自己皮肤的粉底，不要使用太白的底色，否则会让人感到失真。

（4）定妆。为了柔和妆色和固定底色，要用粉饼或散粉定妆，粉的颗粒越细越自然。

（5）修眉。脸盘宽大者，眉毛不宜修得过长过直，相反，应描得适当弯一些、柔和一些。五官纤细者，就不宜将眉修饰得太浓密。描眉时，沿眉毛的生长方向一根根地描画，这样描出的眉毛有真实感，切忌又浓又粗地画成一片。眉笔或眉粉颜色与发色相一致。

（6）涂眼影。眼影的颜色要适合自己的肤色和服装的颜色。

（7）画眼线。沿睫毛根部贴近睫毛，由外眼角向内眼角方向画出眼线，上眼线应比下眼线重些，上眼线从外眼角向内眼角描十分之七长，下眼线描十分之三长。

（8）抹睫毛膏。先用睫毛夹使睫毛卷曲，然后用睫毛刷把睫毛膏均匀地涂抹在睫毛上，但不宜抹得过厚，否则会让睫毛粘住，给人以造作之感。

(9)腮红。用腮红刷将腮红涂扫在面颊的相应部位。

(10)涂口红。涂口红可加深嘴的轮廓,让脸部更加生动,富有魅力。口红的颜色应根据不同肤色、不同服装的颜色、不同的场合来选用。

(四)男性化妆

(1)男性皮肤的油性较大,分泌物较多,清洁面部对男性来说尤为重要。

(2)修面。幼儿教师不能蓄须,男性必须每天剃胡须,修整面容。

(3)涂面霜。选用男性面霜,认真涂抹。

(4)涂唇膏。男性同样也忌口唇开裂,注意经常使用本色或无色的唇膏,保持唇部滋润,以显得朝气蓬勃,精神饱满。

化妆基本程序结束后,要全面检查,以免有疏忽之处。在上班之前,务必认真化好妆,否则是失礼的表现。

(五)幼儿教师化妆禁忌

(1)不能浓妆艳抹。

(2)不使用过于夸张的假睫毛,不用夹子把睫毛夹得过弯。

(3)不画闪亮的眼影。(特殊场合除外)

(4)不留长长的指甲,不涂彩色的指甲油 。

(5)不要把眉毛剃光了再涂得黑黑的。

(6)不用廉价和刺鼻的香水 。

(7)不能在幼儿面前补妆 。

三、幼儿教师的皮肤日常护理

(1)保持乐观、开朗的心境。这是最好的美容化妆品。

(2)掌握正确的洁面方法。一方面选用优质、合适的洁面用品彻底清洁面部,另一方面,注意洗脸水的温度应与室温相当,不宜过高,并且用温水和冷水交替洗脸,可达到收缩毛孔的作用。

(3)每天多喝白开水,可保持皮肤的滋润。

(4)注意合理饮食。少吃煎炸、辛辣的食物,每天保证足够的新鲜蔬菜和水果,注意营养的均衡吸收。

(5)定期清洗化妆工具和清理化妆品,不借用他人的化妆品。

(6)保证有充足的睡眠。睡眠充足,会让人精力充沛、容光焕发。

四、幼儿教师的其他仪容礼仪

(一)口腔卫生礼仪

保持口腔清洁,是讲究礼仪的先决条件。要坚持每日早晚刷牙。刷牙可以减少口腔细菌,清除牙缝里的积物,防止牙石沉着。常规的牙齿保洁应做到"三个三",即3顿饭后都要刷牙,每次刷牙的时间不少于3分钟,每次刷牙的时间在饭后3分钟之内。

平日要多吃蔬菜、水果和粗米饭,以清洁牙齿;不吸烟、不喝浓茶,以免牙齿变黄变黑。上班前不喝酒,忌吃大葱、大蒜、韭菜等有刺激性的异味食物。

进餐时应闭嘴咀嚼,不可在人前露出满口牙齿,发出很大的响声。口臭患者在与人交谈时要保持一定距离,切不可唾沫四溅。进餐后如要剔牙,应用手或餐巾掩盖,切不可当众剔牙。

(二)鼻腔卫生礼仪

要保持鼻腔的清洁,经常清理鼻腔,修剪鼻毛。切忌在他人面前挖鼻孔,拔鼻毛,这样既不文雅,又不卫生。

(三)手指甲卫生礼仪

手的清洁与否与一个人的整体形象密切相关,反映一个人的修养与卫生习惯。要随时清洁双手,指甲要及时修剪与洗刷。不要留长指甲,也不要涂有色指甲油。

(四)公共卫生礼仪

养成不随地吐痰、不乱扔果皮纸屑的良好习惯。不在幼儿面前修指甲、剔牙齿、抠耳朵、搓污垢、抠眼屎、掏鼻孔、打哈欠、搔痒、脱鞋袜等;咳嗽和打喷嚏时,应用手帕捂口鼻,面向一旁,尽量减小声响。

五、化妆工具的清洁与更换

漂亮的妆容来自干净的化妆工具。但是如果化妆工具很脏，使用起来不仅会影响其发挥正常的功能，而且也会大大影响化妆效果，当然给皮肤带来的其他不良影响就更不用多说了。

（一）海绵

用于涂抹粉底的海绵，在每次化妆时都应该使用干净的一面。可以把一块海绵分成表面左侧、表面右侧、里面左侧、里面右侧四个部分，每次使用一个部分，使用4次后要用香皂彻底清洗干净。海绵在使用的时候由于吸收了粉底里的水分而变得潮湿，容易造成细菌的大量繁殖，所以细致的清洗工作是非常必要的，可以保证肌肤的安全健康。如果经常清洗之后与皮肤的触感变得不好，并且边缘呈现破碎的状态时，就该换新海绵了。

（二）粉扑

粉扑要保持表面毛茸茸的，不要使其表面变硬。如果使用时失去轻柔触感的话，就需要用香皂清洗一下。刚买回来的粉扑也需要在使用之前清洗一下，让皮肤有轻柔舒适的感觉。粉扑清洗过之后，不要用手拧，要用毛巾卷住拧干多余的水分，然后在阴凉处彻底晾干。如果粉扑晾干后变得硬邦邦的，就用手轻轻揉搓一下。如果粉扑不管你怎么揉搓都无法恢复表面弹性而变得发硬，就该换新的了。

（三）海绵棒

清洗的方法与需要更换的状态与海绵相同。

（四）化妆刷

如果是天然毛制成的化妆刷，在每次使用之后要马上用纸巾擦干净。如果想改变化妆粉的颜色，要把化妆刷蘸上足够的透明粉，然后轻轻抖掉，蘸过多次之后用纸巾擦拭干净就可以了，一般情况下3～6个月洗一次。清洗化妆刷的时候，在温水里放少量的洗发香波，把化妆刷放在水中轻轻地涮，洗干净后用护发素保养一下，然后用水洗干净。用毛巾卷住刷子将其水分拧干，整理一下刷毛使其柔顺，然后在阴凉处晾干。晾干之后用手把刷毛轻轻地揉一下，再用手指弹一弹，使其恢复蓬松的状态。如果保养得好，可以使用很长时间。

(五)唇刷

每次使用之后都要用纸巾把唇刷上多余的唇膏擦拭干净。如果使用不同颜色的唇膏时，就要在纸巾上蘸上唇部清洁霜把唇刷仔细地擦洗一下，然后用蘸了水的纸巾再擦一遍。由于唇刷的毛很容易掉，所以清洁的时候不要太用力。

(六)眉刷和睫毛梳

睫毛梳在每次使用之后用纸巾把残留在上面的睫毛膏擦干净就可以了，不需要其他清洁程序。眉刷刷毛较硬，清洗起来也比较容易，如果感觉眉刷特别脏的时候，就用香皂把它洗一下，这时可以用睫毛梳将眉刷刷毛之间的污垢梳掉。

(七)睫毛夹

每次使用之后用纸擦去污垢就可以了。如果睫毛夹上的橡胶垫老化，出现裂纹或是有断裂的现象，就要马上更换新的橡胶垫，否则会夹断睫毛，给睫毛带来损害。

【达标练习】

1.案例分析：这两种妆你认为哪种适合幼儿教师？

图 3-33

2.买一本化妆技术的书(或视频)读一读,或者上一次美容院,趁机向化妆师请教一下化妆技术。

3.找一个周末,在大商场的露天咖啡座里静坐一两个钟头,专门观察过往女子的化妆和衣着,总结一下怎样的妆容才是适合你的。

4.10分钟化一个工作淡妆。

第三节　幼儿教师的服饰礼仪规范

【学习目标】

1.能正确地选择服装,规范着装。

2.明确仪表美的内涵。

3.通过学习,修正自身外在缺陷,展示自身的独特气质。

【学习重难点】

正确地选择适合自己的色彩及色彩的搭配。

【内容要点】

1.幼儿教师着装原则。

2.幼儿教师着装搭配及礼仪规范。

【情景导入】

一位老师衣着新潮,常穿奇装异服。一天,一个小朋友好奇地指着老师膝盖上的两个洞,问:"老师,你的裤子破了,为什么不补一补呢?"

【必备知识】

幼儿教师穿衣是"给谁看"?

衣服肯定不是穿给自己看的。美国心理学家彼德·罗福认为:"一个人的服装不只表露了他的情感,还显示着他的智慧。"而莎士比亚进一步强调说"服装往往可以表现人格",中国教师的祖师爷孔子则说:"见人不可以无饰,不饰无貌,无貌不敬,不敬无礼,无礼不立。"这些无外乎表达一个意思:服装是一种无声的语言,是人向外界表达自己的一个重要窗口。

古人云:"佛要金装,人要衣装。"又云:"女为悦己者容。"

幼儿教师要怎样的衣装,到底为谁"容"?向谁表达自己?要表达一个怎样的自己?弄明白了这一点,才能统一幼儿教师的着装观念。

这是一所幼儿园对老师着装的礼仪规范要求:服饰色彩明快亮丽,整洁美观,舒适大方,适合活动,不穿着奇装异服,尽量穿裤子,尽量不穿裙子。纯色最好,自然最好,得体最好。建议穿运动鞋,运动裤。

从上可以看出,这所幼儿园对老师的着装要求是非常具体的。幼儿园对老师的着装提出如此具体的要求无外乎就是告诉我们,如果在家中,没有固定的观众,可以按自己的喜好去打扮或者根本不打扮。可是,一旦走进幼儿园,面对幼儿时,幼儿教师职业的"引导者"的尊长角色,就不允许幼儿教师"穿衣戴帽,各凭所好"。幼儿教师服装要表达的信息应符合正确的审美观:是尊严而不是刻板、是美丽而不是妖艳、是自信而不是寒碜、是高雅而不是富贵、是大方而不是怪异。因为"您永远无法获得第二次机会,以赢得一个良好的第一印象"!

幼儿教师的仪表即幼儿教师的服饰。服饰,是指人的服装穿着与饰品佩戴。在某种意义上,一个幼儿教师的服装并不只是表露他的情感,还显示着他的智慧。幼儿教师的服饰是无声的课本,应显出端庄、严谨又不失活泼和亲和力。所以每一位幼儿教师都要懂得一些服饰的基本礼仪规范。

《幼儿园教师专业标准(试行)》中明确指出"衣着整洁得体"。那么,怎样的衣着才是得体的呢?

一、着装的原则

(一)"TPO"原则

"TPO"即英语"time"(时间)泛指早晚、季节、时代等;"place"指地方、场所、位置、职位;"Dccasion"指场合。

TPO原则是目前国际公认的衣着标准。据报道,学生最受不了教师的穿着打扮是:低腰、低胸、透明、紧身、超短裙、颜色太艳丽出挑、浓妆艳抹,男教师蓄长发、女教师爆炸式发型等。如一位小朋友在大冬天哭着要穿裙子、穿皮鞋,这是因为她的老师穿裙子、穿高跟鞋,而幼儿的愿望是和她老师一样"美丽"而已。

（二）协调性原则

正确的着装应尽显个体的完美与和谐。第一，要遵守服装本身的约定俗成的搭配。第二，要使服装各部分相互适应，力求展现服装的整体美和全局美。第三，使穿着符合个人的年龄、体形。正确的着装，能起到修饰形体、容貌等作用，形成和谐的整体美。协调美包括：款式美——造型和谐，巧妙塑造人体形象美；色彩美——色彩和谐，使人产生良好的心理效应；质料美——面料的质感直接影响服饰造型与色彩的效果。服饰美就是从这多种因素的和谐统一中显示出来的。

（三）个性化原则

着装的个性化原则，主要指依个人的性格、年龄、身材、爱好、职业等要素着装，力求反映一个人的个性特征。具体说来有两点：第一，着装应照顾自身的特点，做到量体裁衣；第二，着装应创造和保持自己的风格，但忌时髦、随便。选择服装因人而异，着重点在于展示所长，遮掩所短，显现独特的个性魅力和最佳风貌。特别对于幼儿园的男教师，一定要保持男性阳刚、坚强、责任的仪表形象，千万不能被女教师同化，甚至异化。

（四）整洁原则

具体表现为：第一，服装应当卫生，勤洗勤换。不允许存在明显的污迹、汗味和体臭。第二，在任何情况下，服饰都应该整洁干净，衣服不能沾有污渍，不能有绽线的地方，更不能有破洞，扣子等配件应齐全。衣领和袖口处尤其要注意整洁。

二、常用服装的选择与穿着

（一）制服着装

制服是标志一个人从事何种职业的服装，故又称岗位识别服。幼儿教师穿着醒目的制服不仅是对幼儿的尊重，而且便于幼儿辨认，同时也使穿着者有一种职业的自豪感、责任感和可信度，是敬业、乐业在服饰上的具体表现。穿着制服必须做到以下几点：

1.整齐

制服必须合身，注意四长（袖到手腕、衣至虎口、裤到脚面、裙到膝盖）、四围（领围以插入一指大小为宜，上衣的胸围、腰围及裤裙的臀围以穿一套羊毛衣裤的松紧为宜）；内衣不能外露；不挽袖卷裤；不漏扣、不掉扣；领带、领结与衬衫口的吻合要紧凑且不系歪；工号或标志牌要佩戴在左胸的正上方。

2.清洁

做到衣裤无油渍、污垢、异味。领口与袖口尤其要保持干净。

3.挺括

衣裤不起皱，穿前烫平，穿后挂好，做到上衣平整、裤线笔挺。

4.大方

款式简练、高雅，线条自然流畅。

（二）便服着装

幼儿教师可以选择"流行中略带保守"的服装。穿着任何便服都应做到简朴典雅，和谐统一，并注意四个协调：

1.穿着要和年龄协调

不同年龄的人有不同的穿着要求。一套深色的中山装，穿在中老年人身上会显得成熟和稳重，穿在青少年身上则会显得老气横秋。少女穿超短裙会显朝气蓬勃、热情奔放，少妇穿超短裙则不免有轻佻之感。

2.穿着要和体型协调

不同的人，身材有高有矮，体形有胖有瘦，肤色有深有浅，穿着要因人而异、扬长避短。

3.穿着要和职业协调

教师有为人师表的职责，不宜穿奇装异服和打扮得花枝招展。

4.穿着要和环境协调

在喜庆场合不能穿得太古板，在庄重场合不能穿得太随便，在悲伤场合不能穿得太刺眼，平日居家穿着可以随意一些。

（三）西装穿着礼仪规范

（1）西装上衣应做得长短适中，以充分展现女性腰部、臂部的曲线美，如果配裤子，则可将上装做得稍长些。无论配裙子或裤子，一般采用同一面料做套装，使得整体感强。西装的“V”字形领口要高低适中，胸围和腰身都不要有紧绷感。前襟不翘，后身不撅，前后身处在一个水平线上。

（2）西装款式多样，要根据自己的年龄、体型、皮肤、气质、职业等来选择；要讲究皮鞋、袜子、皮包、饰物、发型、化妆与西服的配套协调。

（3）挑选西装时，选择基本色最好，不需要流行的颜色。面料质地要好。

（四）其他裙装

裙装最能体现女性的体态美。在一般的社交场合，女性可以穿连衣裙或穿中式上衣配长裙。夏季可穿长、短袖衫配长裙或者过膝裙。在宴请等正式社交场合，一般要穿长裙，至少要长过膝盖，不应穿牛仔裤和超短裙。

（五）鞋袜

鞋子和袜子被称作“脚部时装”和“腿部时装”，很重要。

女士穿裙子应当配长筒丝袜或连裤袜，颜色以肉色最为常用，修长的腿可以穿透明丝袜，腿太细可穿浅色丝袜，腿较粗可穿深色的袜子。着职业套裙时不可穿黑色丝袜。

挑丝、有洞或自己用线补过的袜子，都不能穿着外出，可以在办公室或工作场所预备一双袜子，以备袜子被钩破时急用。在正式场合着裙装，不穿袜子是不礼貌的。

西服裙装搭配袜子要穿连裤袜或长筒袜，没长筒袜时，可以光脚，但不应穿短筒袜。

特别提示：袜口不能露在裙摆或裤脚外边；不能在公众场合整理自己的袜子。

（六）帽子

帽子是衣着的一部分，它可以烘托戴帽者的身份、地位以及人格修养。

女士戴帽很有讲究，参加宴会、婚礼、游园等社交活动时，帽子能增加主人的风采。帽子应根据出席活动的场合要求，根据自己的脸型和身高来选择。

女子的纱手套、纱面罩、帽子、披肩、短外套等作为礼服的一部分，允许在室内穿戴。

（七）服装的配色艺术

1.三色原则

西服、衬衫、领带、皮鞋、手帕、袜子等不超过三个色系。

小三色：手表带、腰带、皮鞋颜色要力求一致，至少是一个色系的；皮包、皮夹等配件也应与服装的主要颜色相一致。

2.服饰的色彩哲学

黑色，象征神秘、悲哀、静寂、死亡，或者刚强、坚定、冷峻。

白色，象征纯洁、明亮、朴素、神圣、高雅、空虚、无望。

黄色，象征炽热、光明、庄严、明丽、希望、高贵、权威等。

大红，象征活力、热烈、激情、奔放、喜庆、福禄、爱情、革命。

粉红，象征柔和、温馨、温情等。

紫色，象征高贵、华贵、庄重、优越等。

橙色，象征快乐、热情等。

褐色，象征谦和、平静、沉稳、亲切等。

绿色，象征生命、新鲜、青春、新生、自然、朝气等。

浅蓝，象征纯洁、清爽、文静、梦幻等。

深蓝，象征自信、沉静、平稳、深邃等。

灰色是中间色，可象征中立、和气、文雅等。

3.颜色搭配的方法

同色搭配法，对比色搭配法，相似色搭配法，无色系搭配法，无色和有色系搭配法。

（八）幼儿教师服装“五忌”

（1）忌露。幼儿教师工作与外出时，着装不能露出乳沟、肚脐、脊背、胸毛、腋毛、腿毛等。

（2）忌透。衣服再薄，天气再热也不能使内衣、背心、文胸、内裤等若隐若现，甚至一目了然，更不能内衣外穿。

（3）忌紧。衣服过于紧身，让内衣、内裤的轮廓原形毕露是既不文雅，也不庄重的。

（4）忌异。幼儿教师不是时装模特，不能穿得过分新奇古怪，招摇过市。

（5）忌乱。不可穿着不讲究：卷袖子、敞扣子，颜色过乱、饰物乱配，衣服脏、破、皱，不烫不熨，油垢、牙膏痕迹等均要清理干净。

三、给女老师的建议

（1）重质不重量，服装的质量对衬托你的身份地位是至关重要的。别买那些看似高档却价钱便宜的衣服，也许洗过一次就变形了；更别买冒牌名牌，那会降低你的人格。如果经济不宽裕，宁可少买，也要买好的。

（2）太时髦的衣服会很快过时，偶然新潮一下可以，变成自己的喜好那就成了夸父追日。

（3）穿衣一定要讲究色彩的搭配，一是与自己肤色的配合，二是服装本身色彩的配合，三色原则（全身上下不超过三种颜色）一定要遵守，否则会变成花蝴蝶。如果这方面不内行，最好的办法是多问问周围的同事。

（4）露背、低胸及露肚脐等过于性感的服装不能穿。在成年异性面前，"性感"属于美感，但在未成年的幼儿们眼中，"性感"则多与"下流"有关；在家长面前呢，即使他认为你美丽动人，也还是不愿意相信你能带好他的幼儿。正派的家长可能会因此担心，而家长中个别邪乎的人，他的眼光就能吃掉你的教师尊严。

（5）年轻的女幼儿教师穿着绣毛毛熊或者有破洞的毛边牛仔裤，也许会让成年人觉得你清纯可爱，可是幼儿们准会觉得你幼稚不成熟。

（6）别穿紧身衣，因为瘦子会显得营养不良，而胖子更会丰满无比。

（7）任何时候都没有理由穿拖鞋或者光脚穿皮鞋上课。

（8）丝袜哪怕只破了一个洞也不能再穿，那和穿破裤子是一个效果。

四、给男教师的建议

中国传统形象中的男教师都是灰袍布鞋清贫朴素的夫子，如果你能西装笔挺，裤缝笔直地走上讲台，相信第一眼看到你的学生都会精神大振。

给女教师的(1)(2)(3)条建议都适用于男教师，另外：

(1)因为男人的服装不像女人那么多，更要讲究质量和穿着规范，男教师应掌握穿衣服的TPO原则，这是服饰礼仪的基本原则之一，即时间(Time)、地点(Place)、场合(Occasion)。不要在家访时着运动装，也不要在带幼儿活动时穿西装。在办公室穿球鞋则只是体育老师的专有权利。

(2)注重色彩，正装一般要为单色和深色，没有图案。衬衫最好是白色或其他浅色；皮鞋、袜子和皮包黑色最好，除非白裤白鞋，千万别滥穿白袜子。而且袜子的长度要够长，如果在坐下时，从袜子和裤子之间露出一节长毛的小腿是很不雅观的。

(3)注重服装和自己性格、形体的搭配，如果自己不很明确，就虚心地请教办公室的女同事，相信她们会比男教师更清楚怎样打扮。

(4)像女人注重项链、戒指一样注重自己的领带、手表及皮包的质量和样式，因为它们是男性不多的装饰品。

(5)除西装外，穿质量样式考究一点的便装上班也未尝不可，如牛仔裤、T恤、夹克衫、羊毛外套等。运动衣可以放一套在办公室做运动时替换，但是不能作为正式服装。近年我国中小学流行一种莫名其妙的打扮，拿运动装做校服，好像全国都在办体校一样。如果老师们也都穿运动衣上课，那就更让人费解了。

(6)好皮鞋能提升男人的品位，但更重要的是无论鞋的档次如何，一定要擦得有亮泽。

(7)掉扣子或者有破洞的衣服可以请人赶快补上。

综上所述，幼儿教师的服装从颜色上应该是以暖色调为主，因为活泼明快的颜色有利于幼儿智力的发展；相反，灰暗、呆板的颜色会使幼儿反应迟钝，产生困倦感。服装的样式应在体现时代特点的基础上有利于教师与幼儿一起进行各种教育活动和便于照顾幼儿生活。着装上应给幼儿一种朝气蓬勃、可亲可敬、体型健美的感觉；相反，过肥、过宽的服装，硕大的蝙蝠袖，迈不开步的裙子，扫地的裤脚，会使幼儿觉得老师臃肿、行动笨拙不灵活。幼儿教师的服装还应注意整体效果，突出行业特点，这样也有利于提高幼儿教师的社会威望。

【达标练习】

1.案例分析：李老师非常爱打扮，喜欢穿高跟鞋和性感裙子。一天早上李老师在带小朋友做早操时，由于动作幅度大，导致身体重要部位裸露明显，在围栏外观看小朋友的家长看见，在一起议论纷纷。小朋友童言无忌，嬉笑着对老师说："老师衣服要掉了，像没穿衣服一样，肉肉都露出来了。"这造成家长、老师尴尬的场面，家长对老师也留下了看法。

请指出李老师的问题，并提出整改意见。

2.检查你的衣柜，找出适合参加下列活动的服装，如果每样不足一套或仅有一套，考虑本周末上商场消费一次。

(1)本次教师节表彰大会上，你将上台接受市长的颁奖。

(2)朋友小张新婚，请你当伴郎(伴娘)。

(3)中秋节到了，要请女朋友(男朋友)参加月光晚会。

(4)学校从本学期开始，每天早上进行教师健身操训练。

(5)明天要到王小小家家访。

第四单元 师 言

思想要有境界，语言也要有魅力，从教师的话语中，学生能够感受到教师的人格和学识。

——习近平

第一节 幼儿教师语言的重要性

【学习目标】

1.理解幼儿教师语言的重要性。

2.感受教师语言对幼儿的影响，树立语言规范的意识。

【学习重难点】

幼儿教师语言对幼儿健康成长的影响。

【内容要点】

幼儿教师使用规范语言的重要性。

【情景导入】

某幼儿园大班的几位老师在小朋友午休值班期间，聊天开玩笑，未注意避讳，言语非常成人化，不时带脏话。当时班上有小朋友还未入睡，对老师的谈话感兴趣，还不时随老师谈话内容嬉笑。有位小朋友回家和自己爸爸妈妈无意摆谈了老师的聊天内容，家长觉得老师的行为实在欠妥。

【必备知识】

《幼儿园教师专业标准(试行)》明确指出，“重视自身日常态度言行对幼儿发展的重要影响与作用”“语言规范健康，举止文明礼貌”。所以幼儿教师规范语言的意义非常重大。

一、语言是幼儿教师工作的基本工具

教学语言是教师教授知识、启迪智慧、塑造心灵的最基本工具,也是教师最基本的教学技能。幼儿教师的语言还是幼儿语言学习的示范,且能够启迪幼儿思维,促使幼儿深度思考,为他们的终身学习和未来发展奠定基础。苏联教育家苏霍姆林斯基说:“如果你想使知识不变成僵死的、静止的学问,就要把语言变成一个最主要的创造工具。”

二、语言是幼儿教师与幼儿沟通的方式

《纲要》中指出,幼儿教育不是幼儿教师教幼儿学习、活动,而是教师在组织幼儿活动中观察了解幼儿,诱发幼儿的积极性,激发幼儿的学习兴趣。这就要求幼儿教师的语言必须对幼儿具有吸引力。

所以,语言也是幼儿教师与幼儿进行沟通的最直接、最有效的工具。

三、幼儿教师语言对幼儿的健康成长有着不可忽视的影响

一个教师要给幼儿以好的影响,除了应具备高尚的人格、渊博的知识外,还要懂得语言艺术。教师的谈吐及语言表达对幼儿的教育及传授知识产生直接的作用,甚至决定着教育、教学的效果。所以幼儿教师应该在实施教学过程中克服一些不良现象,不断提高自身的语言素养,提高语言的魅力,使教师的语言为幼儿的健康成长起到促进作用。

【达标练习】

1.案例分析:李老师今天心情不好,幼儿们今天却特别激动,总是不停地在教室打闹,李老师几次提醒没有效果后终于忍不住大吼:“你们到外面去吵,看你们吵到什么时候!”幼儿们一下子愣住了,不知怎么办才好。

请问:李老师这样说对吗? 应怎么说?

2.东东这段时间注意力特别不集中,活动时又老爱去打扰别人,请模拟与他进行个别谈话。

第二节　幼儿教师语言运用的基本特性

【学习目标】

1.理解并掌握幼儿教师语言运用的基本特性。

2.重视语言的规范化使用。

【学习重难点】

幼儿教师语言运用的基本特性。

【内容要点】

幼儿教师语言运用的前提及其示范性、启发性、鼓励性、趣味性、规范性、正面引导性。

【情景导入】

有位老师不喜欢吃苦瓜，一次午餐有苦瓜，就对同班老师说："哎呀，又是吃苦瓜，我最不喜欢了。"结果，那一天吃午饭，大部分幼儿都不愿吃苦瓜，这个说："苦瓜不好吃。"那个又说："老师都不吃苦瓜。"

【必备知识】

由于幼儿教师的教育对象是幼儿，因此幼儿教师的语言除了要用规范语言以外，还有自身的特殊性要遵守。幼儿教师的语言运用应遵守以下要求。

一、语言运用要以善于倾听为前提

《幼儿园教师专业标准（试行）》明确指出，幼儿教师要"善于倾听，和蔼可亲，与幼儿进行有效沟通"。

作为一个真正的倾听者的教师，必定是这样的：他怀着深深的谦虚和耐心，以一颗充满柔情的爱心，张开他的耳朵，满怀信心和期待地迎接那些稚嫩的生命之音。教育的过程是教育者与受教育者相互倾听与应答的过程。

教师倾听学生不仅仅是一个单向接收的过程，也是一个双向交流互动的过程。幼儿教师倾听是尊重幼儿的重要体现，是了解幼儿的主要途径，是实现师幼对话的前提，也是幼儿教师成长的助推力。所以幼儿教师要专心倾听幼儿的回答、幼儿的提问、幼儿的质疑，用真诚的态度，积极热情、耐心认真地倾听。用鼓励的和期待的眼神、微笑的和专注的神情，让幼儿大胆、大方地表达，自由、平等地说话。在倾听的过程中适时地插入自己的看法，和幼儿进行话语交流。通过倾听去参与幼儿的成长，参与创造幼儿的声音。比如，听到疑惑费解的地方，要求他做出解释；其他幼儿听不清楚时，要求他重述；语言表述形式上存在不当之处，给予纠正；表现出非凡的想象力和独到的见解时，给予称赞；已经意会却无法很好地言传时，及时点拨以通其意等。从而使师幼之间的语言交流更加有效。

二、语言运用要有示范性

加里宁说："教师每天仿佛都蹲在一面镜子里，外面有几百双精细的、富于敏感的、善于窥视出教师优点和缺点的孩子的眼睛，在不断地盯着他，世界上没有任何人受这样严格的监督，也没有任何人能给年轻的心灵以如此深远的影响。"一个教师无时无刻不在影响着自己的教育对象。比如前面那个吃苦瓜的案例就告诉我们，对幼儿教师的一言一行都比其他职业的人要求更高。教师的一句平常的"牢骚"就会给幼儿带来非常大的影响。可见，教师的语言绝不能从个人的喜恶、情趣出发，想说什么就说什么，想什么时候说就什么时候说。

三、语言运用要有启发性

在各类活动中，教师的启发性语言对幼儿参与活动的兴趣、创造力和想象力都有着很大的影响。如教师在引导幼儿看图讲述、观察图片时提问："你还发现了什么？"教师在幼儿操作活动时提问："你还能想出和别人不一样的方法吗？"这种启发性的问题可以促进幼儿观察、引起他们进行思考，帮助幼儿擦出智慧的火花，有利于促进幼儿的创造性思维的发展，更能够为师幼间的互动打下良好的基础。因此教师要注重启发性语言的使用，在提问时讲究策略，做到有效促进幼儿创造性思维的发展。

四、语言运用要有鼓励性

爱因斯坦说过，别人赞美他思维能力强，有创新精神，他一点也不激动，他作为大科学家听这话听腻了，但如果谁赞扬他小提琴拉得棒，他一定会兴高采烈。作为幼儿发展的引导者，幼儿教师要善于去挖掘幼儿身上一些鲜为人知的优点，给予幼儿适时的、多样化的鼓励，而不是简单而频繁地评价表扬，简单化的积极评价表扬会让幼儿感到莫名其妙，如少用“某某某，你真棒”之类的表扬，这样受到表扬的幼儿最多只表现出短暂的喜悦，并不能对他产生持久的激励作用。幼儿教师表扬时应讲述幼儿值得表扬的地方，如“佳佳、强强、青青三位小朋友刚才讲故事的时候很认真，声音洪亮，老师很高兴！虹虹的发音很准，很清晰，老师真为你骄傲”！只有这样的鼓励才能对幼儿产生持久的激励作用。

五、语言运用要有趣味性

在一次语言活动中，教师让中班的幼儿表演故事《微笑》，给他们戴上事先准备好的头饰。幼儿很兴奋，随着音乐扮演起了各种小动物。一会儿，有些幼儿就忘记了自己的任务，其中一个扮演小蚂蚁的小朋友在一旁玩起了其他的东西。教师看到了，她大声地对其他小朋友说：“小伙伴们，小蚂蚁迷路了，哪个小动物愿意做好事帮他找回自己的同伴们，把微笑留给他？”其他小朋友听了，都纷纷过去帮他找到自己的同伴，并使他重新进入了角色中。

古人有句话叫作“感人心者，莫先乎情，莫始呼言”，就是说要避免空洞无物、枯燥无味、呆板无力的语言。幼儿教师的语言更应注重生动有趣、形象、活泼，再加以老师丰富的表情和适当的动作，才容易为幼儿所接受和模仿，以促进幼儿语言的发展。

六、语言运用要有规范性

教师的语言是幼儿语言的样板，教师只有使用规范的语言，才有可能对幼儿产生正面的示范效应。所以教师必须使用标准的、规范的普通话，在语音、词汇、语法等方面都要符合国家普通话的要求。做到发音清楚、吐字准确、不念错字、不使用方言、克服随意化。

幼儿园的幼儿虽小，但他们有很强的自尊心。若老师说话稍有不慎就会伤害幼儿的自尊心，给幼儿的心灵或多或少地带来消极的影响。如，有的幼儿在活动中特别爱捣蛋，有的老师就会很生气，然后说“你真是个调皮鬼”。这样其他的幼儿可能就会也喊这个幼儿“调皮鬼”，所以幼儿教师在使用语言时应谨慎、规范，避免因随意而犯错误。

七、语言运用要有正面引导性

幼儿教师应愉快地给幼儿积极的指示和建议，平等交谈。幼儿教师对幼儿提出教育要求时，应采用正面引导，多使用平等性的语言。《纲要》倡导“教师应成为幼儿学习活动的支持者、合作者、引导者”。即要求视幼儿为平等的合作伙伴，支持幼儿的探索。所以在收拾玩具时我们就应该将习惯说的“请收好玩具”改为“能不能”“我们一起来好吗？”“你可以帮我一下吗？”等。不能用强制性的“这样可不行”“不能”等语言。以免阻碍幼儿主动性的发展和创造性的发挥。

【达标练习】

1.案例分析：在一堂公开课上，老师讲《坐井观天》，事前已经排练了很多遍，老师讲得非常精彩，幼儿们配合得也很精彩。最后一个环节，老师让学生谈谈青蛙跳出井口以后，会做些什么时，一个幼儿说：“我觉得青蛙，看了外面的世界，会再次跳入井里！”这个回答，让大家都愣住了，老师也愣在那里！多美妙的一堂课啊！竟然毁在这个幼儿的回答上。老师很是生气，说：“你先坐下！时间到了，我们下来再讨论！”老师粗暴地打断了幼儿，心想：“一堂好课就这样毁在你的手里，看我下课怎么收拾你！”下了课，这个幼儿战战兢兢地来到老师的办公室，老师还余怒未息，他质问着幼儿：“如果是一个正常的人，怎么会说青蛙又回到井里？你的脑子是不是有问题？”只见这名幼儿，抻着衣角，用小得不能再小的声音，嗫嚅着说：“老师，我家在农村，村子边上建了不少的小工厂，天也灰蒙蒙的，小河里的水全被污染了，池塘里的水也被污染了，小青蛙如果跳出了井口，它会死掉的！它是为了自己的生命，不得已才跳回去的！”这个老师听完这个学生的诉说，脸上满是惭愧，他紧紧地把这个幼儿搂在自己的怀里，动情地说：“老师没有听你把话说完，是老师错了！”

请问：为什么会出现不把幼儿的话听完就发脾气的情况？我们应该怎么做？

2.一个幼儿对妈妈说：“我不想上幼儿园了。”妈妈没有办法来告诉了你，请你帮助这位妈妈解决这个问题。

第三节 幼儿教师语言规范

【学习目标】

1.理解并掌握幼儿教师语言规范。

2.养成规范的用语习惯。

3.尊重幼儿,树立幼儿为本的意识。

【学习重难点】

幼儿教师语言规范。

【内容要点】

幼儿教师语言规范的内容、要求及禁忌语。

【情景导入】

一次,张老师在批评一位犯错的小朋友时,情绪很激动,声音大,语气嘲讽,不时用手指推小朋友脑袋,对该小朋友心理造成影响,不愿上幼儿园。此事引发了家长与老师的矛盾。

【必备知识】

《幼儿园教师专业标准(试行)》规定幼儿教师要"使用符合幼儿年龄特点的语言进行保教工作"。幼儿的语言教育在人的一生中是非常重要的,幼儿最早的智力活动就是学话,在学话的过程中认识周围世界,发展思维能力。

一、幼儿教师注重语言形象的重要性

语言不是一种孤立的现象,是和教师个体的思想品德、文化素质等密切相关的。我国目前绝大多数的幼儿教师能运用普通话,语气语调亲切随和,多用鼓励性语言,杜绝了惩戒性的言语,营造了一个和谐的、温暖的、比较人性化的情景,在幼儿语言的学习和发展上给予了积极的影响。但幼儿教师在幼儿的一日常规活动中就不太注意自己的语言素养,加之幼儿教师普遍存在的"职业疲惫"的现象,从而使得在教育活动中,幼儿的反应和表现如果不能达到教师预期的目标和要求时,教师都可能产生挫折、烦躁、生气等强烈的消极情感,处于应激、紧张、焦虑、抑郁等不良情绪状态,从而导致出现一些过激、偏差行为,如大声斥责幼儿,对幼儿发脾气,讥讽、污辱,甚至恐吓等,对幼儿造成较大的

消极影响。所以《幼儿园教师专业标准(试行)》要求幼儿教师要“善于自我调节情绪,保持平和心态”,“不讽刺、挖苦、歧视幼儿”。

根据《幼儿园教师专业标准(试行)》的规定,幼儿教师的语言不仅用词要规范,而且语气、语态等方面也要规范。比如在提问时用手示意,然后说“我请××小朋友来回答”。幼儿教师通过这样规范的良好的语言环境的建立,不仅能展示幼儿教师的语言素质及其师德修养,更能促进幼儿的智力开发,激发幼儿的学习兴趣,培养幼儿健康向上的情感。

二、幼儿教师的语言规范

(一)幼儿教师用语的基本要求

语言规范而形象(规范的汉语普通话,少数民族自治区有法定的、允许的、标准的少数民族文字)、态度和蔼而耐心、内容得体、方式适宜(因人而异、因材而异)。

(二)幼儿教师如何规范用语

第一,要讲普通话。

宪法规定,国家推广普通话。不仅汉字、民族语言文字的书写要标准、规范;同时,口头语言也要规范,发音要标准,要让幼儿听懂。

第二,要讲文明话。

幼儿教师往往会成为幼儿模仿的对象,所以一定要和不文明的语言划清界限,不仅不能使用不规范的语言,同时语言上应避免“脏、乱、差”(低级趣味、黄色语言、下流段子,都不是幼儿教师应该出现的语言)。讲文明话的另外一种含义就是要使用规范的礼貌用语,要尊重别人、尊重自己。

第三,要讲现代语。

要与时俱进,要有现代感(你满口之乎者也,也许是很有学问,但与幼儿讲就不大能沟通。教学时,借古鉴今,古为今用,但不能把它拿到幼儿教学行为中,因为这行不通)。

第四，要讲直白话。

要直白而形象、浅显易懂、循序渐进，强调以理服人、以例服人；不要用枯燥乏味、晦涩、幼儿不理解的名词和概念，因为无法沟通。

（三）幼儿教师用语的原则

（1）平等交流：幼儿教师一定要与幼儿平等地交流。

（2）善于沟通：语言是一种双向沟通的形式，是用于人际交流的。

总之，幼儿教师一定记住，在与幼儿和家长交往过程中的两条重要的交际法则：

第一，黄金法则：你想别人怎样对待你，你就要怎样去对待别人。

第二，白金法则：别人需要你怎样对待他，你在合法和遵守社会公德的前提下就要如此对待他。

（四）幼儿教师的语言美

（1）声音美：语调、语声不能太高，速度要适中，发音要标准。

（2）谈吐美：表情要专注，动作要适度。

（3）境界美：格调要高雅，有上进之心，知识丰富。

三、幼儿教师要注意的忌语

《幼儿园教师专业标准（试行）》明确指出，幼儿教师“不讽刺、挖苦、歧视幼儿”。这就要求幼儿教师要注意：

忌粗口、忌训斥、忌侮辱、忌讽刺、忌妄言、忌乱言。

忌用的字眼：笨、笨蛋、呆子、傻、傻瓜、神经病、白痴、没出息、蠢、滚、讨厌、无可救药。

忌谈的主题：个人隐私、捉弄对方、非议旁人、倾向错误、令人反感。

四、幼儿教师活动忌语举例

（1）全班你最笨！

（2）你的脑袋瓜怎么长的，这么简单都不会！

(3)神经有毛病!

(4)跟白痴没啥两样!

(5)真是猪脑,这点小事都记不住!

(6)做不出来,就滚出去!

(7)没出息的家伙,真讨厌!

(8)你怎么这么笨,怎么教都教不会!

(9)一看你这张脸,就知道人呆呆的!

(10)再忘了,明天不用来幼儿园了!

(11)整天疯疯癫癫,神经病!

(12)连这都不懂,不知道你有多傻!

(13)猪都比你聪明!

(14)算了,算了,我再也不管你了!

(15)再闹!再吵!给我滚回去!

(16)脑袋生锈了,不知你妈怎么生你的!

(17)你的幼儿我不会教,你自己带回家教!

(18)你们家长是怎样教幼儿的!

(19)你的幼儿是全班最神经的!

(20)你的幼儿脑袋有问题,自己要检查一下!

五、幼儿教师活动常用礼仪规范用语举例

一字类:

请!好!棒!

二字类:

很好!不错!对了!加油!准确!很美!

三字类:

你真行!你真棒!说得好!有进步!有创意!

非常好!答得妙!有志气!很精彩!好样的!

你能行!很独特!再想想!太好了!有勇气!

四字类：

你很聪明！ 你真能干！ 你很出色！ 你很优秀！ 你真勇敢！

再试一试！ 你真细心！ 很有见解！ 你真勤奋！ 你真可爱！

你真刻苦！ 大胆尝试！ 迎难而上！ 真不简单！ 真会发现！

五字类：

你真了不起！ 你真有本事！ 请继续努力！ 我很欣赏你！

说得有道理！ 这办法真妙！ 谁来试一试？ 真令人陶醉！

你很有礼貌！ 你很会读书！ 大家很齐心！ 条理很清楚！

六字类：

你真会动脑筋！ 你的反应真快！ 讨论非常热烈！

真是与众不同！ 请反过来想想！ 变一变又怎样？

七字类：

你的联想很丰富！ 你的理解很透彻！ 你的观察很仔细！

你真是个小演员！ 你们合作得真好！ 知错就改好样的！

多字类：

我很赞同你的意见！ 你的进步让人惊喜！

谁还有不同的想法？

你是大家学习的好榜样！ 你是一个多才多艺的好幼儿！

你是一个助人为乐的好幼儿！

继续努力，你会越来越棒的！你的表现不错，老师很满意！

你是一个爱好广泛的好幼儿！再想一想你会有更好的方法！

【达标练习】

1.案例分析：前面那个案例中，由于张老师的不当语言，家长到幼儿园找到园长投诉，请问如果你是园长，你怎么处理？

2.请每个小组模拟一次表扬幼儿和批评幼儿的情形。

3.请分组选择一日活动场景之一模拟师幼互动。

第五单元　师　行

把子弟的幸福奠定在德行与良好的教养上面，那才是唯一可靠的和保险的办法。

——洛克

第一节　幼儿教师交往礼仪规范

【学习目标】

1.能理解并掌握幼儿教师与幼儿交往礼仪规范。

2.能理解并掌握幼儿教师与家长交往礼仪规范。

3.能理解并掌握幼儿教师与同事交往礼仪规范。

4.愿意做讲礼仪的人，积极展示自己的优雅礼仪。

【学习重难点】

幼儿教师的交往礼仪。

【内容重点】

幼儿教师与幼儿、家长、同事的交往礼仪规范。

【情景导入】

今天，萌萌在上厕所时把内裤尿湿了一点。我帮助她换上了干净的内裤，在准备帮她穿上外裤时，萌萌却不愿意了："不要穿这条，我要换一条。"我说："外裤没有湿，不用换的。""不，我偏要换。"我以为是她不信外裤没湿，就让她摸了一下，说："你看，这裤子真的是干的，不用换的。"但萌萌还是说："不，我就要换一条。"

请问"我"应该怎么办？

【必备知识】

一、幼儿教师与幼儿的交往礼仪规范

《幼儿园教师专业标准(试行)》规定,幼儿教师在与幼儿交往时要“建立良好的师幼关系,帮助幼儿建立良好的同伴关系,让幼儿感到温暖和愉悦”“建立班级秩序与规则,营造良好的班级氛围,让幼儿感受到安全、舒适”。所以,幼儿教师在与幼儿交往时一方面要注重自身礼仪规范行为对幼儿潜移默化的影响;另一方面,也要帮助幼儿建立良好的同伴关系。

(一)优化环境,形成讲礼仪的良好氛围

在幼儿园,教师是幼儿模仿的重要对象。幼儿教师的日常行为、言谈举止和情感态度随时都对幼儿的发展产生潜移默化的影响。所以,幼儿教师要做有心人,平时要善于抓住一切有利时机为幼儿做好行为示范。如早上来园时,教师要主动和幼儿、家长打招呼,道一声“早上好”。幼儿在玩玩具时,教师可以有意识地走过去对幼儿说:“我可以和你一起玩吗?”或者说:“你可不可以把玩具分给我一些?”

当幼儿出现无意过失时,教师要耐心安慰,不指责埋怨幼儿。如:幼儿不听劝告打闹摔跤了,先不要急着批评幼儿,而是关心地问:“伤着没有?下次小心。”而对幼儿的有意过失,则要坚持正面教育,及时解决。如:“有事好好说,不能动手。”“相信你是好幼儿,以后不会再做这种事。”

当幼儿遇到困难时,不要讽刺挖苦,而要鼓励幼儿增强自信。如:“你肯定能行,试试看吧!别着急,我来帮助你。”

对幼儿的态度一定要热情温和,对幼儿的问题要积极应答,对幼儿的活动要仔细观察、不断提示,并及时鼓励欣赏。如:“你真爱动脑筋,真棒!”

在组织活动时,要语速适中,指令简洁明了,语言生动、有趣、儿童化。如:“请吃好点心的小朋友轻轻地把小椅子搬到旁边。”

在日常的一日生活环节的各个部分,都应亲切关爱,体贴入微。不讲粗话、脏话,不训斥幼儿,忌大呼小叫。如:“有点不舒服是吗?让我看看裤子有没有湿。”

当幼儿体验到文明交往带来的乐趣后,便会自觉模仿教师,做出类似的行为。

（二）利用多种方法，为幼儿提供良好的文明交往经验

幼儿的自制力较差，辨别是非的能力还比较弱，在交往中也不懂得关心、宽容别人。如果不注意加以教育引导，这种自私、不宽容的交往方式势必会对他们以后的成长产生不良影响。根据幼儿的这种特征，教师可以和幼儿集体讨论、思考，并制定一些交往规则。如：别人不小心碰了我怎么办？别人与我同时喜欢一件东西，我该怎么办？……由于规则是幼儿自己讨论制定的，幼儿比较容易理解和遵守。

师幼交往既是幼儿教师展示自己礼仪规范表率作用的直接渠道，也是培养幼儿与人打交道能力的重要方式。在这个过程中，幼儿渐渐形成了待人处事应有的态度，获得了社交技能，并将这种技能应用到其他社会关系中，从而更快从自我中心解脱出来，成为能适应社会、能与人愉快协作的具有健康心理和健全人格的人。

二、幼儿教师与家长交往礼仪规范

在一次幼儿园表演活动中，有几位家长为了更清楚地看自己宝贝的表演，多次越过指定观看区域，刘老师上前提醒两次无果，便在旁边冷言讽刺家长没有素质，导致发生矛盾，在场争吵，最终扰乱活动秩序。

《幼儿园教师专业标准（试行）》指出：幼儿教师“与家长进行有效沟通合作，共同促进幼儿发展”。家长是幼儿的第一任老师，也是幼儿终身教育的指导者，家长的态度决定着幼儿的发展方向，要培养一个具有良好礼仪规范的幼儿，家长的配合和引导是必不可少的，所以，有经验的幼儿教师都会尽可能地与家长建立良好的关系，从而获得家长的支持和配合。

（1）当家长向老师反映问题时：幼儿教师要态度冷静，让家长把话说完，认真委婉。如：谢谢！让我们再了解一下。请您放心，我们再商量商量，尽量帮您解决。

（2）当幼儿发生事故时：教师一定要如实说清，表示歉意。如：真是对不起，今天……麻烦您多观察幼儿，有什么不舒服时，需要我们做什么尽管与我们联系。

（3）当家长晚接幼儿时：不要不耐烦，而应主动热情，耐心接待。如：没关系，请您今后商量好谁接，免得幼儿着急。

(4)找个别家长谈话时:教师态度要平和,说话要讲究艺术。如:对不起,耽误您一会儿时间。

(5)当要与家长联系时:教师应体贴关心、礼貌客气。如:您好!我是×老师,今天您的孩子××不舒服,您看是不是带他去医院?谢谢!给您添麻烦了。

(6)当家长馈赠物品时:教师要礼貌回绝。如:您的心意我们领了,照顾幼儿是我们应该做的,您别这么客气。

(7)当家长之间发生冲突时:教师首先要稳定家长情绪,分别与家长谈话。如:别着急,幼儿在园发生事情,责任在我,您有什么意见和我们说。

在幼儿教育礼仪规范行为培养过程中,家长的作用是举足轻重的,家长对孩子的影响也是无法忽略不计的,家长的言传身教会起到无穷的作用。所以幼儿教师要坚持家庭教育与幼儿园教育并重的原则,用自己良好的个人修养和专业素养去获得家长的支持,与家庭形成方向一致的教育合力,才能在培养幼儿良好礼仪行为习惯中收到事半功倍的效果。

三、幼儿教师与同事交往礼仪规范

《幼儿园教师专业标准(试行)》指出:幼儿教师要"与同事合作交流,分享经验和资源,共同发展"。

教师的工作是一项群体性、协作性非常强的特殊工作,没有哪位教师敢说自己一个人就能把全班幼儿带下来,所以,幼儿教师在与同事交往中更应注意礼仪规范,建立一种和谐、团结、协作的关系,从而形成一个对幼儿进行教育的合力。

(1)同事交往,尊重为先,亲密有度。礼仪的核心就是尊重,"敬人者,人恒敬之;爱人者,人恒爱之",尊重是相互的,只有主动通过自己的言行举止表达了对同事的尊重之意,才有可能收获同事的尊重、理解和支持。

(2)"白金法则"是同事交往的不二法则。人际交往的"白金法则"有三个要点,即行为合法,不能要什么给什么,你做人、做事都需要底线;交往应以对方为中心,对方需要什么我们就要尽量满足对方什么;对方的需要是基本的标准,而不是说你想干什么就干什么。在与同事交往中,要遵循礼仪规范,换位思考,学会真正了解别人,体察别人的需求。

(3)将心比心,利益共享。同事之间难免有一些竞争,甚至是利益上的竞争,这时我们也要牢记礼仪规范的准则,公平竞争,坦诚相待,这样才能长期地、卓有成效地合作,才能达到彼此双赢的结果。

(4)分享快乐,不要招摇。当你取得了成绩,有了高兴的事情,要真诚地与同事分享,而不是炫耀。

(5)热情开朗,做个"开心果"。幽默开朗的人容易得到大家的信任和好感,他们的生活态度会感染身边每一个人,使整个群体充满蓬勃向上的朝气。

(6)择善而从,多赞美,少嫉妒。"三人行,必有我师",要善于向同事学习。"择其善者而从之,其不善者而改之",多从他人身上寻找优点,吸收学习,对于他人的缺点多宽容、理解,同事取得成绩,要由衷地赞美祝贺而不是嫉妒排斥。

(7)批评有益,注意方法。诤友是人生的财富,批评不要忘记尊重,要记住"黄金法则"的规定:"你希望别人怎么待你,你就怎么待别人。"

(8)化解误会,求同存异。一切以大局为重,以工作为唯一中心,不计较一些小利益的得失,各退一步,海阔天空,力求殊途同归,圆满完成工作。

【达标练习】

1.案例分析:王老师在生活中遇到了烦心事,情绪不好。这一天晨间接待时对家长态度冷淡,爱理不理。导致家长对王老师产生不好的看法,之后对王老师的工作找茬,不愿支持配合王老师工作。请问,王老师为什么会面对这种情况?如果是你在晨间接待时情绪不好怎么办?

2.放学时,肖老师看见本班一位还未交接的小朋友自己跑到淘气堡玩,情急之下未脱鞋直接进入淘气堡招呼该小朋友。此时被另一位家长看见,就质问该老师为什么不脱鞋直接进入游戏区。请问你认为肖老师应该怎么做?

第二节　幼儿教师办公室礼仪规范

【学习目标】

1.能理解幼儿教师注意办公室礼仪规范的重要性。

2.能掌握幼儿教师在办公室的礼仪规范,并能养成良好的行为规范。

3.尊重他人,愿意建立良好人际关系。

【学习重难点】

幼儿教师的办公室礼仪规范。

【内容要点】

1.幼儿教师办公室的基本礼仪规范。

2.幼儿教师办公室的握手、鞠躬、介绍的礼仪规范。

【情景导入】

这是一个发生在办公室的事情：一次聊天中，一位女老师说，无论多忙，她每周都要逛服装店，每天晚上都要整理衣柜，第二天早上要穿得漂漂亮亮地出门，否则这一天她都会缺少自信。

旁边一位男老师鼻子一哼说："自不自信在内在，你怎么以貌取人取到自己身上来了？穿衣服嘛，舒服最重要。你看我从不买西服，更不会把那狗舌头一样的绳子绑在自己的脖子上。"

女老师回敬说："舒服？你知道别人怎么看你吗？屌丝！"

男老师生气了："我是，你呢？整天花枝招展的，什么时髦穿什么，像什么样子？给谁看？"

另一位老师赶紧调解："算了算了，穿衣戴帽，各人所好，各位随自己的意吧，最好校长把四季园服做齐了，像幼儿们一样天天穿园服，省得你们操心。"

【必备知识】

美国著名人际关系学者戴尔·卡耐基认为："一个人事业上的成功，只有15%是由于他的专业技术，另外的85%要依赖于人际关系、处世技巧。"

教师工作是复杂的，教师职业同时也是单纯的，教师的社交基本上围绕办公室发生。注重办公室礼仪是建立个人良好形象的重要一环。幼儿园教职工之间的关系是平等的关系，应该互敬互爱，互帮互助。

一、幼儿教师办公室基本礼仪规范

（一）注意在办公室的个人仪表及办公桌的卫生

办公桌也是属于教师个人形象的一部分。桌面上尽量简洁，不要将家人的照片及其他很私人化的摆设放在台面上。

（二）注意说话的音量

说话做事尽量压低音量，保持办公室安静是营造文明办公环境的首要任务。

（三）建立良好同事关系

教师要尽量和所有同事建立良好的工作关系，并且仅仅是工作关系，有私交的同事可以下班后到酒吧或咖啡厅述谊，切不可在办公室呼朋唤友。

（四）注重称呼

对同事使用正式的称呼，不可呼小名和外号，哪怕是一对恋人，也不能在办公室使用昵称。

（五）主动做事，但不做“活雷锋”

开学伊始，老师们要大家一起建立办公室的规则，明确权利和义务，不妨主动做一些公共性事务，但是不要做大包大揽的“活雷锋”。既然是规则，就要大家来执行。

（六）私活私底做

幼儿教师一定不要在办公室做私活，非必要不打私人电话，有人来访尽可能带入会客室，因为办公室是大家的办公地点，你个人的空间范围是有限的。

（七）公私分明的同事交往

同事之间不谈私事，家长里短绝不要带入办公室，如果谈工作声音尽量放小，不要因为“我是在工作”就旁若无人。

（八）注意与幼儿谈话的方式和地点

和幼儿的简短的交谈可以在办公室，如果涉及批评和长时间的谈话，最好另找地点。

（九）转接来电来访，注重隐私

同事外出了，刚好有他的来电或访者，要代为接待，并将详情转告，相信他会很感谢你。

(十)他人桌子,非请勿动

非经他人同意,不可随意动用他人桌上的办公品,哪怕是一支幼儿园发的笔。

(十一)办公电话,就近处理

如果办公室使用公用电话,来电响起时,应该由距电话最近的人接听,不可“事不关己,高高挂起”。

二、幼儿教师办公室其他社交礼仪规范

(一)握手

表5-1　握手的规范要求

内容	操作标准	基本要求
握手	(1)方式。两人相距约一步,上身稍向前倾,伸出右手,拇指张开,四指并拢,手掌相握 (2)时间。一般礼节性的握手不宜时间过长,两手稍稍用力一握,3～5秒即可 (3)规则。年长者与年幼者、女士与男士、已婚者与未婚者、上级与下级、主人与客人,应由前者先伸出手,后者再相握。如遇多种身份时,根据场合来定谁先伸手	(1)动作要专注,不可应付、敷衍 (2)不能坐着与人握手 (3)不要用左手与人握手 (4)不可戴手套与他人握手 (5)不可拒绝与他人握手

(二)鞠躬

表5-2　鞠躬的规范要求

内容	操作标准	基本要求
鞠躬	(1)问候招呼。以髋关节为轴,上身前倾,同时双手在体前,右手搭在左手上,看向对方的眼睛,行15°左右的鞠躬 (2)身体以标准站姿站立	(1)表情要与对方互动 (2)要用语言准确地表达态度

(三)介绍

表5-3　介绍的规范要求

内容	操作标准	基本要求
自我介绍	(1)标准式。简单介绍姓名即可,用于熟人、同事、朋友之间 (2)工作式。介绍本人的姓名、单位及其部门、担负的职务或从事的具体工作等,用于工作之中或正式沟通 (3)礼仪式。介绍姓名、单位、职务等项目,但还应加入一些适宜的谦辞、敬语等,适用于讲座、报告、演出、庆典、仪式等一些正规而隆重的场合	根据具体情景采用不同的方式
他人介绍	(1)不便直接做自我介绍,可以找一个既认识自己又认识对方的人做介绍 (2)由他人做介绍,如果你是身份高者或是年长者,听他人介绍后,应立即与对方握手,表示很高兴认识对方 (3)由他人做介绍,如果你为身份低者或年轻者,当将自己介绍给对方时,应根据对方的反应做出相应的反应	做好相应配合
为他人做介绍	(1)介绍顺序。先把男士介绍给女士、年轻者介绍给年长者、地位低者介绍给地位高者、未婚者介绍给已婚者 (2)重大的活动中,应把身份高者、年长者和特邀嘉宾规范、恰当地介绍给大家 (3)将众人介绍给一个人,须按身份高低顺序进行介绍	(1)在介绍之前,要向对方打招呼,使双方有所准备 (2)短暂的相遇可不必介绍 (3)为他人做介绍,必须在对被介绍人情况都比较了解或对双方有结识的愿望有实在的把握的前提下才进行 (4)介绍时,目光视线不能移向别处;语言应清晰、准确;手势应文雅:掌心朝上,斜切地面45°,五指并拢,指向被介绍的一方

【达标练习】

1.案例分析:小张老师在课余开了一个网店,业务逐渐走上正轨,这段时间上班时只要不带班,在办公室备课时就常听到她与客户的电话交流。请问,小张老师这样做对吗?为什么?

2.实作:其他幼儿园老师到办公室来访,你如何接待?

第三节　幼儿教师一日活动礼仪规范

【学习目标】

1.能理解和掌握幼儿教师一日活动中的礼仪规范要求。

2.形成守礼的自觉。

【学习重难点】

幼儿教师一日活动指导中的自身的礼仪规范。

【内容要点】

幼儿教师一日活动中的礼仪规范。

【情景导入】

早上入园接待时,张老师和李老师一起在教室门口等待幼儿来园。平时来得最晚的丽丽今天来得特别早,看到老师,她大声地说"张老师,早上好!","李老师,早上好!"并45°鞠躬,张老师亲切地摸摸丽丽的头,热情回应道:"丽丽,早上好!今天来得真早,真是勤快的孩子。"丽丽开心地去阅读区域看书了。

【必备知识】

《幼儿园教师专业标准(试行)》要求幼儿教师要掌握幼儿园一日生活安排的知识与方法。我们都知道一个人的良好的礼仪素养不是一朝一夕、一节课、一次活动就能见效的,幼儿也是如此,礼仪规范的掌握是一个养成教育的过程。所以幼儿教师要在与幼儿朝夕相处的每一天,通过自身良好的内在礼仪素养和外在良好形象这种隐形教育去对幼儿进行潜移默化的影响。当然,这也对幼儿教师的礼仪素养提出了很高的要求。

表5-4 幼儿教师一日活动的礼仪要求

环节名称	幼儿礼仪目标	幼儿教师礼仪要求
入园	能高高兴兴入园，见到老师会问好，并会向家长告别 “老师，早上好！（敬礼45°）”，向班级老师说：“老师早上好！”主动向家长道别：“××，再见！”	早晨，教师提前到园，衣着整洁、大方，在活动室门口笑脸恭候每一位幼儿和家长，幼儿问早，教师应回礼“××小朋友，早上好！”并给予鼓励表扬。及时和家长告别
晨间活动	愿意参加活动，能与同伴一起玩	教师为幼儿准备适合的场地、器材，并以愉快的心情与幼儿一起活动
早操	能情绪愉快地边听音乐边跟随老师做动作	教师亲身示范，领操动作标准，精神抖擞，轻声引导，及时评价幼儿的表现
早餐	能喝完自己的一份牛奶，并学习将牛奶包装扔入垃圾桶	教师观察，轻声指导，悉心照顾
上课	能专心倾听，敢于在集体面前大胆发言	上课时，教师目光要柔和、亲切、有神，教师的动作、声调、表情要恰如其分。要耐心倾听幼儿的发言，目光注视幼儿，及时肯定，真诚回应
休息	离开位置时能将小椅子放好，及时小便，喝开水，不在室内奔跑	教师在合适的位置观察幼儿，适时指导
户外活动	在规定范围内活动，按正确方法玩玩具，并学习遵守游戏规则	教师提前准备好场地；严格规范自己的行为；让幼儿在自己视野内活动；指导幼儿对器械等的正确用法；培养幼儿活动时合作、分享、谦让等行为习惯
盥洗	自己洗手，不玩水，洗完后能及时关好水龙头	教师观察幼儿表现，不同年龄班区别对待：亲子班、小班需护理；中班、大班、学前班教正确方法
饭前活动	在位置上安静地活动	
午餐	安静地进餐，能吃完自己的一份饭菜，不挑食，饭后会用小毛巾洗脸、擦脸	教师观察，指导幼儿正确的进餐方法和用餐礼仪；讲解今日食谱及营养；朗读“感恩词”；组织幼儿饭后洗干净手和脸
饭后活动	在指定的区域安静地活动	组织幼儿安静地活动，如散步等
午睡	睡前及时如厕，能在老师的帮助下脱掉外套和鞋子，并摆放在指定的地方，安静地入睡	入睡前当班老师要检查幼儿嘴里是否有剩余菜、饭；检查幼儿口袋中是否有异物。轻声指导幼儿入睡

续表

环节名称	幼儿礼仪目标	幼儿教师礼仪要求
起床	在老师的帮助下，穿好外套和鞋子，同伴之间能互相帮助，能听音乐，跟随老师做动作	教师观察、指导、帮助幼儿在愉快的音乐声中及时、安静地起床，并问候幼儿"下午好"
午间操	能听音乐，有精神地活动	教师精神抖擞、面带微笑地与幼儿一起活动
午点	洗净手，在位置上安静，及时吃完自己的一份点心	教师观察幼儿行为表现，适时给予指导
游戏活动	能愉快参加游戏活动并遵守游戏规则，在活动中能相互合作，互相帮助	游戏时教师要成为幼儿的伙伴，幼儿犯错误时要正面引导教育，不要大声训斥及变相体罚
离园活动	在自己位置上活动，等待家长来接，情绪愉快地与老师说"再见"	教师组织好离园准备；热情接待幼儿家长；适时关注幼儿活动情况；主动与家长打招呼，"×××，下午好！您来接×××了"。并与家长礼貌告别。与幼儿告别时拥抱幼儿，说"再见"，并提醒幼儿回家后要帮助家长做事

【达标练习】

1.案例分析：午餐时间到了，幼儿们都在安静地认真地用着餐，实习的杨老师也坐在前面，这时电话响起来了，杨老师很兴奋地大声聊起了电话。

请问实习的杨老师在小朋友们安静地用餐时大声聊电话对吗？为什么？

2.请以小组为单位模拟一日活动，展示各环节中教师的礼仪规范。

第四节　幼师生见习实习礼仪规范

【学习目标】

1.能理解幼师生见习实习时遵循礼仪规范的重要性。

2.能掌握幼师生见习实习时的礼仪规范。

3.能认真对待见习，树立正确的职业观。

【学习重难点】

幼师生见习实习礼仪规范。

【内容要点】

1.幼师生见习实习时的基本礼仪规范。

2.幼师生见习实习时与园长、指导老师、见习生、家长的礼仪规范。

【情景导入】

一学期一周的见习时间到了,2班的同学们都很兴奋地来到幼儿园,但幼儿园带班的肖老师发现,这些见习生在见习过程中没有做记录,也没有和班上的老师进行任何沟通。

【必备知识】

见习和实习,是幼儿师范生在走向工作岗位前提高职业道德、将知识转化为能力和培养社会交往能力的学习过程。见习包括保育见习和教育见习,一般每期一周。实习主要指毕业实习,一般是最后一学期进行。

一、见习实习的基本礼仪规范

见习时一定要清楚自己的身份是见习生。任务就是按照学校的见习要求,用心观察幼儿一日活动几大环节的保育工作内容和方法,要认真观察并做好记录。不可组织幼儿开展活动,不能干涉保育员和指导老师的工作。而实习时则是一名“准老师”,不能擅作主张组织活动和处理幼儿突发的意外事故。如果处理不当,会影响到学校与实习园的关系及今后的实习工作,还会影响幼儿园与家长的关系。

无论是见习还是实习都应礼貌待人,谦虚好学,举止大方,为人师表。教师的一言一行都是幼儿的行为准则,直接影响幼儿的成长。在幼儿心目中,见习实习老师也是老师。

仪容仪表:着装自然朴素,注重个人卫生,待人亲切有礼,注重小节。

仪态:听课和上课期间都应注重仪态规范,在整个上课期间都应面带微笑。

言谈:礼貌言谈,注意称谓,注意小节。

二、与实习园园长的交往礼仪

主动礼貌地与园长打招呼;虚心接受园长的指导;一般情况有什么问题直

接向指导老师反映请教,除非是非常要紧的事或是见习生、实习生本人的事,才好去打搅园长。但应注意要提前约定好时间,并准时到达。应尽量简短。

三、与见习实习指导老师的交往礼仪

尊重指导老师;主动虚心向师傅学习;主动积极配合指导老师的工作;在实习上课期间,要提前写好教案和做好教具,准时交给指导老师审阅,并按指导老师的意见进行修改,修改后再审阅。正式上课前要试教,并邀请指导老师和同组的实习生一同听课,试教后要及时根据指导老师和同学的意见进行修改,熟悉。

四、见习生实习生之间的交往礼仪

相互帮助、关心,取长补短,共同进步,以诚相待,宽容包容。要有集体观念,尤其是与其他学校不熟悉的甚至是陌生的实习见习生相处时。如果住在幼儿园宿舍,则要自觉做好宿舍的清洁,不能随便拿别人的物品。

五、与幼儿家长的交往礼仪

记住自己的身份是教师,而"教师无小节"。所以要尊重家长,不能顶撞家长,更不能与家长闹矛盾,不可擅自做主处理问题。

六、见习结束时的礼仪

提前告知园方见习实习结束的时间,做好离园前的各项工作,与指导老师告别,与小朋友告别,可召开不同规模的欢送会。离园前见习实习生最好写一封言真意切的感谢信,正式离园前一天张贴在见习实习园的板报栏。同时要做到安静离园。

最好事后能再次写一封感谢信。

【达标练习】

1. 案例分析:你在见习时,班上的一位叫斌斌的小朋友午睡时尿床了,你怎么办?

2. 完成一份见(实)习报告,并就见习(实习)时的礼仪规范表现进行总结。

【综合测试】

以小组为单位，选择适合幼儿教师的服装，现场化妆（10分钟），然后模拟展示幼儿园的一天。（也可提供案例，请同学们现场解决）

表5-5　评分标准

能力项目	师德	师表			师言	师行	其他
		仪态	仪容	仪表			
得分							

附　录

附录1　实训教案

附表1-1　幼儿教师皮肤日常护理实训教案

步骤	操作标准	基本要求
洁肤	(1)将脸用温水打湿 (2)取适量洗面奶于手心,搓至起泡 (3)由下巴向额头,用手指轻轻地按摩清洗1~2分钟 (4)用清水清洗 (5)用纸巾或毛巾把多余的水分吸干	(1)手法自下而上"推"皮肤 (2)忌用毛巾在脸上无规则乱搓
爽肤	(1)取一张化妆棉,把紧肤水(或收缩水)倒到化妆棉上 (2)把化妆棉上的紧肤水搽于脸上 (3)用手轻拍脸颊	(1)手法自上而下 (2)最好使用无尘化妆棉
护肤	施上护肤霜	(1)清早用日霜 (2)临睡用晚霜 (3)夏日户外活动可用防晒霜
特殊护理	(1)深层清洁,使用磨砂洗面奶 (2)涂面膜 (3)撕洗面膜 (4)爽肤和护肤	(1)涂面膜手法由下而上 (2)撕洗面膜手法由上而下 (3)每周1~2次

附录2 《幼儿园教师专业标准(试行)》

附表2-1 《幼儿园教师专业标准(试行)》

维度	领域	基本要求
专业理念与师德	(一)职业理解与认识	1.贯彻党和国家教育方针政策,遵守教育法律法规。 2.理解幼儿保教工作的意义,热爱学前教育事业,具有职业理想和敬业精神。 3.认同幼儿园教师的专业性和独特性,注重自身专业发展。 4.具有良好职业道德修养,为人师表。 5.具有团队合作精神,积极开展协作与交流。
	(二)对幼儿的态度与行为	6.关爱幼儿,重视幼儿身心健康,将保护幼儿生命安全放在首位。 7.尊重幼儿人格,维护幼儿合法权益,平等对待每一位幼儿。不讽刺、挖苦、歧视幼儿,不体罚或变相体罚幼儿。 8.信任幼儿,尊重个体差异,主动了解和满足有益于幼儿身心发展的不同需求。 9.重视生活对幼儿健康成长的重要价值,积极创造条件,让幼儿拥有快乐的幼儿园生活。
	(三)幼儿保育和教育的态度与行为	10.注重保教结合,培育幼儿良好的意志品质,帮助幼儿形成良好的行为习惯。 11.注重保护幼儿的好奇心,培养幼儿的想象力,发掘幼儿的兴趣爱好。 12.重视环境和游戏对幼儿发展的独特作用,创设富有教育意义的环境氛围,将游戏作为幼儿的主要活动。 13.重视丰富幼儿多方面的直接经验,将探索、交往等实践活动作为幼儿最重要的学习方式。 14.重视自身日常态度言行对幼儿发展的重要影响与作用。 15.重视幼儿园、家庭和社区的合作,综合利用各种资源。
	(四)个人修养与行为	16.富有爱心、责任心、耐心和细心。 17.乐观向上、热情开朗,有亲和力。 18.善于自我调节情绪,保持平和心态。 19.勤于学习,不断进取。 20.衣着整洁得体,语言规范健康,举止文明礼貌。
	(五)幼儿发展知识	21.了解关于幼儿生存、发展和保护的有关法律法规及政策规定。 22.掌握不同年龄幼儿身心发展特点、规律和促进幼儿全面发展的策略与方法。 23.了解幼儿在发展水平、速度与优势领域等方面的个体差异,掌握对应的策略与方法。 24.了解幼儿发展中容易出现的问题与适宜的对策。 25.了解有特殊需要幼儿的身心发展特点及教育策略与方法。

续表

维度	领域	基本要求
专业知识	(六)幼儿保育和教育知识	26.熟悉幼儿园教育的目标、任务、内容、要求和基本原则。 27.掌握幼儿园各领域教育的学科特点与基本知识。 28.掌握幼儿园环境创设、一日生活安排、游戏与教育活动、保育和班级管理的知识与方法。 29.熟知幼儿园的安全应急预案，掌握意外事故和危险情况下幼儿安全防护与救助的基本方法。 30.掌握观察、谈话、记录等了解幼儿的基本方法和教育心理学的基本原理和方法。 31.了解0~3岁婴幼儿保教和幼小衔接的有关知识与基本方法。
	(七)通识性知识	32.具有一定的自然科学和人文社会科学知识。 33.了解中国教育基本情况。 34.具有相应的艺术欣赏与表现知识。 35.具有一定的现代信息技术知识。
专业能力	(八)环境的创设与利用	36.建立良好的师幼关系，帮助幼儿建立良好的同伴关系，让幼儿感到温暖和愉悦。 37.建立班级秩序与规则，营造良好的班级氛围，让幼儿感受到安全、舒适。 38.创设有助于促进幼儿成长、学习、游戏的教育环境。 39.合理利用资源，为幼儿提供和制作适合的玩教具和学习材料，引发和支持幼儿的主动活动。
	(九)一日生活的组织与保育	40.合理安排和组织一日生活的各个环节，将教育灵活地渗透到一日生活中。 41.科学照料幼儿日常生活，指导和协助保育员做好班级常规保育和卫生工作。 42.充分利用各种教育契机，对幼儿进行随机教育。 43.有效保护幼儿，及时处理幼儿的常见事故，危险情况优先救护幼儿。
	(十)游戏活动的支持与引导	44.提供符合幼儿兴趣需要、年龄特点和发展目标的游戏条件。 45.充分利用与合理设计游戏活动空间，提供丰富、适宜的游戏材料，支持、引发和促进幼儿的游戏。 46.鼓励幼儿自主选择游戏内容、伙伴和材料，支持幼儿主动地、创造性地开展游戏，充分体验游戏的快乐和满足。 47.引导幼儿在游戏活动中获得身体、认知、语言和社会性等多方面的发展。

续表

维度	领域	基本要求
专业能力	(十一)教育活动的计划与实施	48.制定阶段性的教育活动计划和具体活动方案。 49.在教育活动中观察幼儿,根据幼儿的表现和需要,调整活动,给予适宜的指导。 50.在教育活动的设计和实施中体现趣味性、综合性和生活化,灵活运用各种组织形式和适宜的教育方式。 51.提供更多的操作探索、交流合作、表达表现的机会,支持和促进幼儿主动学习。
	(十二)激励与评价	52.关注幼儿日常表现,及时发现和赏识每个幼儿的点滴进步,注重激发和保护幼儿的积极性、自信心。 53.有效运用观察、谈话、家园联系、作品分析等多种方法,客观地、全面地了解和评价幼儿。 54.有效运用评价结果,指导下一步教育活动的开展。
	(十三)沟通与合作	55.使用符合幼儿年龄特点的语言进行保教工作。 56.善于倾听,和蔼可亲,与幼儿进行有效沟通。 57.与同事合作交流,分享经验和资源,共同发展。 58.与家长进行有效沟通合作,共同促进幼儿发展。 59.协助幼儿园与社区建立合作互助的良好关系。
	(十四)反思与发展	60.主动收集分析相关信息,不断进行反思,改进保教工作。 61.针对保教工作中的现实需要与问题,进行探索和研究。 62.制定专业发展规划,积极参加专业培训,不断提高自身专业素质。

附录3 教师在幼儿一日活动各环节礼仪教育中的操作要求

附表3-1 教师在幼儿一日活动各环节礼仪教育中的操作要求

环节	教育操作要点	保育操作要点	备注
来园	(1)引导幼儿做老师、阿姨的小帮手参加劳动:照顾观察记录动植物、整理教室玩具、整理自己的小抽屉等(按照由大到小,由重到轻的顺序叠放整齐) (2)引导幼儿与老师、保育员、同伴主动打招呼,引导同伴间友好轻声交流,交流家中的事、路边的事、自己的玩具等 (3)教师个别询问和交流	(1)引导幼儿养成洗手习惯 (2)冬天引导幼儿养成脱去外套、关注自身身体冷暖,互相捂捂手做做简单的运动克服寒冷 (3)察看幼儿当天保健室的发牌情况,有个案的应对措施	(1)此环节中,幼儿陆续来园,待较多幼儿来园后可以组织谈话活动,或组织诗歌或其他游戏活动等 (2)兼顾与家长的交流 (3)点名活动 (4)以上环节,依据班级实际情况在适当的时间内完成
区角	(1)按照计划实施观察与指导 (2)注重习惯培养:轻拿轻放、物归原处、物还原样、不喧哗、礼让谦逊、合作探究、爱护玩具……	(1)观察特殊儿童活动情况及身体状况 (2)观察幼儿的异常情况	此环节,教师在点评时应避免空谈,建议多关注幼儿行为、习惯与能力的养成
运动	(1)依据教学目标组织活动,养成运动活动的习惯(如有目的、有兴趣、有探究、有合作地玩,累了休息,热了擦汗,有自我保护的意识等) (2)爱护运动器械 (3)在教师指导与提醒下学习收放器械,养成物归原处的习惯,同时,萌发幼儿帮助阿姨做力所能及的事的意识 (4)教育幼儿保持衣服整洁	(1)提醒幼儿自主检查衣物适宜性、系好鞋带等 (2)为容易出汗的幼儿塞好干毛巾,并随时在运动过程中用手摸摸幼儿后背,觉着有些热乎乎就提示幼儿脱去衣服 (3)运动量调控 (4)特殊儿童的观察(面色、心痒、动作发展等) (5)提醒喝水	(1)大雾天气不能外出运动 (2)运动活动要注意运动强度,室内运动要注意避免空间拥挤而造成的不安全性 (3)夏天要在阴凉处活动 (4)上下楼梯靠右走,大孩子礼让小孩子,教师在队伍前,保育员在队伍后 (5)野趣活动应注重挑战性与适宜性相结合
生活	(1)依据需要组织正规性生活教育活动(不是每天都需要) (2)按计划或班级近阶段的突出问题提出生活活动的要求(如洗手方法、用点心习惯、盥洗室注意安全,不拥挤,吃完点心漱口擦嘴等)(教师对幼儿问题要有敏锐性) (3)在过程中观察指导个别幼儿,促使幼儿养成良好习惯	(1)提示幼儿折叠或穿上前面活动时脱下的衣服 (2)习惯纠正	(1)先吃完点心的幼儿自主进行游戏 (2)教师可以选用小帮手帮助教师做学习活动前的准备(如用具摆放、桌椅摆放等) (3)教师可以通过标签,辅助幼儿养成良好的生活习惯

续表

环节	教育操作要点	保育操作要点	备注
学习活动	(1)学习习惯培养(如认真听讲、大胆表达表现、说完整话、欣赏同伴、物品归放原处……) (2)重视幼儿非智力因素发展	(1)注意用眼卫生 (2)保护嗓子,不大喊大叫 (3)坐、站立等姿势提示 (4)坚持动静交替原则	(1)活动组织形式须多样,注重日常自身的榜样示范作用 (2)如果外出活动,要做到以下几方面: ①观察幼儿衣物情况 ②增加护理人员,注意路上安全
游戏	(1)引导幼儿同伴间互助、友爱、谦让 (2)参与幼儿游戏,进行直接或间接的指导 (3)教育幼儿爱护玩具;不争抢玩具,学会在教师帮助下修补玩具;不大声喧哗;不在活动室内拖拉椅子、桌子	(1)关注幼儿穿脱衣情况 (2)关注卫生情况,予以提示:不趴在地上玩耍、不玩不卫生(或不安全)的玩具等 (3)关注特殊儿童	(1)小便洗手等盥洗室活动参照前述 (2)注重观察或记录幼儿游戏行为,并学会分析、判断、指导
午餐	(1)爱惜粮食教育(不挑食,吃完自己一份饭菜,不掉饭菜) (2)自我保护教育(走路时不要把筷子或调羹放在嘴巴里,端汤时看清楚,小心碰到手) (3)餐中教育:做到三净(即地上、桌子上、碗里均干净)、安静、细嚼慢咽 (4)饭后不做剧烈运动	(1)餐中保育:及时处理或清理打翻的饭菜,给小年龄幼儿喂饭 (2)提醒幼儿饭后正确漱口、擦脸	(1)进餐时间控制在25~30分钟 (2)特殊儿童护理:肥胖儿先喝汤再吃饭,并嘱慢慢嚼;关注贫血和营养不良幼儿的进餐
餐后活动	(1)培养自主管理:约定规则等 (2)幼儿之间合作结伴游戏 (3)散步前交代注意事项(大班可组织讨论):散步中加强管理(安全教育、引导幼儿观察、丰富并提升幼儿的经验)、散步后组织回顾交流 (4)参与幼儿活动	散步环节注意: (1)衣物是否轻便,若衣物过多,要注意提醒幼儿脱去一件外套 (2)依据季节选择散步区域(夏天避暑、冬天防冻)	自主性活动要求参照前述

续表

环节	教育操作要点	保育操作要点	备注
午睡	(1)养成自己穿、脱衣服的习惯(对于小年龄幼儿,教师可以组织专门的生活教育活动,帮助幼儿掌握技能与方法) (2)教育幼儿整理摆放自己的衣物(衣服、裤子及鞋子等) (3)教育幼儿养成良好的睡眠习惯:不趴被、不趴睡、不含手指 (4)教育幼儿睡醒后不影响同伴 (5)有速度方面的要求	(1)注意门窗开闭原则:幼儿穿、脱衣服时关,睡下15分钟后开,冬天防止对流风 (2)幼儿生活照顾:为特殊儿童塞好干毛巾,帮助幼儿盖好被子或毯子,观察睡眠情况等 (3)冬天时睡到一半需要起床小便,要提醒幼儿穿上外套和备用拖鞋,以防着凉	(1)注意空调使用原则:三开三闭,注意温度的调控 (2)在观察指导的基础上兼顾自己的其他工作,坚持不离岗 (3)注意幼儿午睡情况,如有无抽搐惊厥、观察面色或摸摸额头有无发烧 (4)为扎辫子的孩子梳洗
准备离园	安全教育	提醒幼儿再次整理自己的着装(鞋带、衣服)	
离园	(1)拿好自己的物品 (2)教育幼儿及时回家,不长时间在大型玩具区域逗留 (3)留园幼儿管理		兼顾与家长的交流
总体要求	(1)礼仪教育培养贯穿始终:谦虚有礼。大小孩子走廊相会,大孩子有礼让小孩子先过的意识;幼儿上下楼梯不推挤、不争先、不恐后,并养成靠右走的习惯;幼儿能主动与老师、同伴打招呼等 (2)强化几个行为习惯:搬放椅子轻,不拖拉,起身离开座位,有将椅子插入桌子的习惯;集体说话轻,走路不奔跑 (3)逐步纠正攻击性等不良行为习惯 (4)逐步养成幼儿自主管理意识与能力(如自己解决问题或困难、自主选择玩伴或活动区域、自主制定合理的规则等) (5)注重幼儿为老师、保育员和同伴服务的意识与能力培养,做力所能及的事,不包办代替	(1)全日观察贯穿始终,尤其注意特殊儿童情况,各环节均要注意观察其面色、情绪、精神等 (2)喝水环节按需要贯穿始终,注意让幼儿自主喝水 (3)生活习惯培养要持之以恒:饭前便后洗手、用餐后擦脸擦嘴、热了擦汗、自己擤鼻涕等 (4)注重家园配合	注重学习能力、社会性、情感与态度的培养: (1)学习能力——记录表征观察、思维、记忆、表达表现、探索、操作、质疑、分辨与判断等 (2)社会性——主动性、交往能力、独立性、解决问题意识与能力、规则意识与执行规则的能力等 (3)情感与态度——谦让、分享、关爱、同情、勇敢、大胆、坚持、创新、节约、文明等

附录4 重庆开县岳溪中心幼儿园《幼儿园教师礼仪培训内容》

重庆开县岳溪中心幼儿园
《幼儿园教师礼仪培训内容》

一、职业修养篇

（1）有高度的责任感和事业心：对幼儿认真负责，热爱尊重每一个幼儿；有良好的敬业精神和献身精神，勇于吃苦，为了工作不计较个人得失；能意识到自己的工作与幼儿园、国家的命运、前途和社会发展的关系。

（2）善于团结协作，妥善处理与周围同志之间关系：善于交流、化解矛盾；以集体利益为重，与人为善、和谐；能意识到与他人合作的价值。

二、精神面貌篇

幼儿教师的精神面貌，是幼儿教师形象的灵魂。

（1）积极主动开展工作，乐于助人，能与他人分享教育经验和教育成果；

（2）模范遵守社会公德，追求和创造愉快、健康、向上的氛围；

（3）有积极的生活态度和价值观，给人以朝气蓬勃、振奋昂扬的形象。

教师应努力使自己具备以下的心理素质和品质：

心态——自尊自信的；品质——真诚正直的；性格——活泼开朗的；心胸——豁达宽容的。

三、仪容仪表篇

1.着装

幼儿教师上班时适宜选择“流行中略带保守”的服装，而不宜穿着太时髦或太暴露的服装（超短裙、超短裤、吊带裙、低胸装）。衣着打扮符合幼儿教师的职业特点：衣着活泼大方，大小得体，便于活动，颜色鲜艳，不同场合穿不同服装，给幼儿以美的熏陶。

细则：日常着装柔和、大方、典雅，以色彩柔和淡素职业装为佳；上岗时穿轻便、色彩艳丽休闲装或娃娃服，下装长度不可太短；配以舒适、多样式的鞋子；上班时间不赤脚或穿拖鞋或趿拉着鞋，带班或幼儿午睡时不穿有响声的高跟鞋。

2.仪容（化妆）

精神饱满，健康向上，面带微笑，充满活力。

细则：保持口气和体味清新，仪表整洁；日常生活化妆自然、大方、淡雅，与肤色、衣服相匹配；杜绝浓妆艳抹、涂浓厚指甲，使用有刺激性气味的化妆品；染发应选择大众色，工作时将长发束起，不披头散发；额前头发不可过长，不能挡住视线；佩饰不要太夸张，点缀即可。

四、行为举止篇

教师良好的举止将给经过您身边的人们带去优雅和气度。

1.体态（站姿、走姿、坐姿、交谈姿势、手势）

姿态端正、大方、自然、规范。

细则：

（1）体态挺拔，站立自然，挺胸收腹，头微上仰，两手自然下垂，面带微笑；

（2）走姿稳健轻快，头正胸挺，双肩放平，两臂自然摆动，双目平视，不左顾右盼，随时问候家长、同事和幼儿；

（3）手势自然、适度，曲线柔美，动作缓慢，力度适中，左右摆动不宜过宽；

（4）交谈姿态以站姿为主（忌：双手抱胸、靠墙、歪斜、双手插在口袋里），自然亲切，对幼儿可采取对坐、蹲下、搂抱等姿态，尽量与交谈方保持相应的高度。

2.良好行为

（1）办公。

保持安静、集中精力、抓紧时间、认真书写、分析思考；讨论问题应轻言轻语。

（2）接待家长。

起身迎送、微笑问候、点头示意；询问了解、提供帮助、反映问题。

（3）带班教学。

坐姿——面对幼儿端坐，双腿并拢，上身正直，双手自然摆放，或左手搭右手放膝盖上。

（忌：坐幼儿桌子，跷二郎腿，腿伸得很长妨碍别人行走）

指示行动——指示幼儿时用语言加手势提示，或牵着手引领指示，不拉扯身体和衣服，不随便用手指点。

班务行动——轻声缓步,不影响幼儿的学习休息。幼儿午睡时不聊天、不打电话。

(忌:始终握着茶杯,入园离园时坐着接待幼儿,扔书本)

师幼互动——热情温和、积极应答、仔细观察、不断提示、给予评价、鼓励欣赏。

(4)日常办公。

遵守时间——按时上下班,有事(病)请假,带班不离岗,不因私随意换班。

升旗仪式——立正、表情庄重、不说话、行注目礼。

(忌:身体歪斜、双手插在口袋里、手放背后或抱胸、交头接耳、嬉笑逗闹等)

对待工作——积极完成。

(忌:消极怠工、拖拉推诿、胡乱应付等)

学习开会——准时到会、专心聆听、认真做笔记、真诚交流、手机静音、适时鼓掌。

(忌:讲闲话、发短信、乱丢纸张、拍桌摔物、随意进出、结束时椅不还原等)

使用物品——轻拿轻放,节约水电,按需用电,及时关水,忌损坏浪费。

环境卫生——有序停放车辆,自觉保持环境卫生,不乱扔垃圾,不随便张贴等。

生活用餐——文明用餐,离开时主动清理桌面、座椅归位。

(忌:挑选食物,乱扔剩饭菜,高声谈论)

(5)接待领导嘉宾或来访者。

接待领导嘉宾,在大门予以热情的欢迎,主动握手问好,在客人的前侧引导进入接待室,请坐,沏茶。

介绍贵宾,按介绍的先后顺序——尊者居后,男先女后,主先客后,如果双方都有很多人,要先从主方职位高者开始。

客人临走,相送至园门外,(客先伸手)握手再见,并表示对其到访的感谢和再次来访的欢迎。

值班人员对来访者主动问好,询问来访原因,提供帮助和联系,礼貌地请来访者登记。

五、语言沟通篇

全园推广使用普通话。语言:语速适中,态度温和,语言生动、有趣、儿童化。

1.上课语言

语速适中,语言生动、有趣、儿童化。

细则:使用普通话,用词规范;语气柔和,委婉中听,忌大声呼叫;咬字准确,吐音清晰;语调婉转、平稳,抑扬顿挫,语速适中。

2.生活语言

亲切关爱,体贴入微,力求体现母爱。

细则:不讲粗话、脏话,忌训斥幼儿;忌大呼小叫,不要离听者太近;时刻面带微笑,保持恰当的目光。

3.文明用语

(1)接待来宾时。

主动询问——您好,请问您找谁?请问您有什么事吗?需要帮忙吗?

被动受问——哦,抱歉,这个我还不太清楚,我可以帮您问一下。

(忌:不理不睬、冷漠、无应答)

(2)对同事。

上班时进幼儿园见到园里的工作人员,均应问"您好""早上好"或点头致意。

称呼——在幼儿面前对同事不直呼其名,用幼儿角度的称呼:×老师。忌用生活中的称呼小×、老×……(言谈间不涉及他人隐私)

提出意见——我对这件事有看法,因为……

提出建议——我想,能不能这样……供参考。

(3)对小朋友和家长使用文明礼貌用语。

问候语——你好!小朋友好!宝宝好!早上好!

请求语——请!请稍等!打扰您了!麻烦您帮我等。

感谢语——谢谢!非常感谢等。

抱歉语——抱歉!对不起!很遗憾!请原谅等。

道别语——再见!明天见!待会儿见等。

宽容语——没关系！不客气！应该的等。

(4)打电话。

打电话——先问好，然后做自我介绍，接下来再说事。如："喂，您好！我是中心幼儿园×班的××老师，您是某某的妈妈吗？是这样的……"

接电话——先问好，然后做自我介绍，接下来再询问。如："喂，您好！我是佳佳幼儿园×班××老师，请问您找谁？"或"您好！我是××，有什么事吗？"

放电话——等对方放下电话，然后挂机。

4.日常交流中的用语和忌语

把礼貌习惯性用于日常口语中，注意不同环境下的音量与语气，对家长体现尊重，对同事体现友爱，对幼儿体现关爱。

(1)当家长提出要求或意见时。

用语：我们一定认真考虑您的意见。您的要求我们明白，请您放心。我们会转达您的建议，谢谢您的帮助。

忌语：那怎么可能？您想得太多了。这是不允许的。

(2)当幼儿生病需要服药和照顾时。

用语：您放心，我们会按时给幼儿服药，有特殊情况及时与您联系。药我们已经按时给幼儿吃了，据观察幼儿病情有所好转，请回家再接着服药。

忌语：知道了！他的药真多！他怎么老是吃药啊。

(3)当家长打电话或亲自来为生病幼儿请假时。

用语：谢谢您通知我们。病情怎么样？您别着急。幼儿病情稍好些，可把药带到幼儿园，我们会帮您照顾的。

忌语：知道啦。好的。没事的。

(4)当幼儿遇到困难时。

用语：别着急，我来帮助你。你能行，再试试！有不会的，请老师或同学帮忙。不错，有进步了！挺好的！加油。

忌语：人家都会，就你不会。你做不完就别……。你就吃行，其他什么都不行。

(5)当幼儿无意出现过失时。

用语:伤着没有?下次要注意。不要紧,老师帮你。勇敢点,自己站起来。有大小便要跟老师说。

忌语:你怎么那么傻?你自己给擦了。真讨厌!你怎么回事?

(6)当幼儿出现打闹等不良行为时。

用语:怎么回事?有事好好说,不能动手。自己解决不了的可以找老师。别人打你,你高兴吗?这样影响多不好。相信你们是知错认错的好幼儿,以后不会再做这种事。

忌语:你们两个到外面去吵。看你们吵到什么时候。现在你们打吧,让大家来看看谁赢。

(7)幼儿在园发生意外事故,主动向家长报告。

用语:真对不起,今天……您别着急,是……麻烦您观察幼儿,有什么不舒服时,需要我们做什么,您尽管与我们联系。(次日未来园,主动打电话询问)

忌语:您的小孩不听招呼,所以……

(8)放学时家长晚接幼儿。

用语:没关系,不着急。请商量好谁接,免得幼儿着急。准时来接幼儿,幼儿会更觉得家庭温暖。帮助家长是我们应该做的。幼儿玩得很自在,晚点接没关系。

忌语:明天早点接了。您怎么老是那么晚。我终于可以下班了。

(9)找个别家长谈话。

用语:对不起,耽误您一会儿时间,反映一下××小朋友近期情况。在……方面要……希望您给予配合(态度平和,说话和气、委婉)。

忌语:××一点不聪明。太吵了。在班上属于中下等。真让人心烦,小朋友也讨厌他。

(10)家长送幼儿随意走进教室。

用语:家长请留步,让幼儿学做自己的事情。幼儿能做好自己的事情,请您放心。幼儿们正在用餐,请您留步。

忌语:家长不要进来!走来走去不卫生。让他自己放书包得了。

(11)家长送幼儿来园上交家庭作业。

用语:做得真棒!宝宝的作业真有创意!做得很认真!你的手真巧!谢谢家长的配合!你的××真是个好老师!又有进步啦!真漂亮!老师知道你做得很认真!老师知道你尽力了!相信你下次做得更好!下次听清要求会做得更好。

忌语:这是你自己做的吗?怎么做成这样啊?哎呀,做错了!实在难看!老师不是说了吗?

(12)当幼儿情绪不佳或不舒服时。

用语:别哭,告诉老师怎么了。让老师来帮助你。宝宝怎么了?哪里不舒服?让老师看看,跟老师说说悄悄话(蹲下、抚摸、拥抱)。你是个听话的宝宝。老师看到你比昨天进步了。老师知道你是……老师小时候……

忌语:你怎么回事啊?你怎么又这样啦?你烦不烦啊?讨厌的家伙。

(13)幼儿请完假来园。

用语:××小朋友看起来全好啦!老师欢迎你回来!老师和小朋友都想你了。你今天真精神!落下的课老师会帮你补上。宝宝病好些了吧?我们会注意观察幼儿,请您放心。

忌语:××你现在才来啊?还要吃药啊?××有好多课都没上到了,怎么办呀?

附录5　巴南职业教育中心学前教育专业学生见习守则

巴南职业教育中心学前教育专业学生见习守则

1.见习期间必须使用普通话。

2.见习期间注意交通安全和人身安全。见习期间请假必须经过班主任的批准,不经同意不能离开见习点。请假一天或一天以上需经过学校政教处批准,见习期间,请假超过两天者,取消见习成绩。

3.见习目的明确,态度要端正。在见习期间,必须自始至终保持充沛精力,专心致志完成各项见习任务。

4.尊重服从幼儿园领导、指导老师和幼儿园其他工作人员,虚心接受他们的指导,对见习园工作有意见和建议,必须通过带队老师反映,不得随便议论。

5.严格遵守考勤制度,不迟到,不早退,不旷课,按时上下班。上班时间不做私事(玩手机、打毛线等),不因私事打电话,不会客,不随便离园,也不得将其他人员带入幼儿园。未经批准,不得外宿和超时回见习园或学校。

6.服从领导,自觉遵守学校和见习单位的各项规章制度,积极为幼儿园做好事。

7.注意自身形象,严格遵守中学生日常行为规范,尊敬师长,礼貌待人,仪表端庄,发型大方,衣着朴素。不化妆,不戴首饰,不穿高跟鞋、硬底鞋。言谈举止要为人师表,做幼儿的表率。

8.见习期间的主要任务是观察,了解见习班级幼儿的各种活动,了解保育教师和教育教师工作的具体任务和操作过程,并做好认真、仔细的记录,不能影响保教人员的正常工作和幼儿正常活动(如进出活动室不能大声喧哗,原班教师上课时,见习生要提前进班坐好等)。

9.见习期间,不能长时间离开观察现场,不准看书报,不准闲聊,不准吃零食,不准玩幼儿园的大型玩具等,对幼儿不能偏爱,不能随便议论。

10.除在见习园进行见习外,其余时间应在校上自习,及时整理见习记录,按时完成见习的各项作业,见习结束后必须上交见习总结报告。

11.不经同意,不能拿幼儿园和教师的任何东西。爱护幼儿园公物,各种物品用后要放回原处,保持幼儿园环境的整洁。凡借幼儿园或学校的用具、资料、材料等,应如期归还,如有损坏或遗失应按有关规定赔偿。

12.在见习期间严重影响学校形象者,见习成绩为不合格。

13.见习成绩不合格者,一律不予安排实习。

附录6 师德评价表

附表6-1 保育实习师德自评表

一级指标	二级指标	评价标准	评价等级									
			优秀		良好			合格			不合格	
			10	9	8	7	6	5	4	3	2	1
职业道德行为规范	实习态度	有为幼儿教育事业积极奉献的意识，能提前做好实习前的准备工作，全身心地投入实习活动中去										
	组织纪律	严格履行幼儿园规章制度和时间安排，不做一切有碍实习工作的活动										
	仪容仪表	注意仪表，服装整洁，有师表意识，举止端庄										
	语言规范	讲普通话，语言文明规范										
	团结互助	服从安排，团结协作，用正面鼓励性的语言与他人沟通										
	尊重老师	服从管理，虚心接受检查，不品评幼儿园的领导和教师										
	热爱幼儿	热爱幼儿，注意幼儿安全；树立正确的教育观、儿童观，尊重幼儿；能帮助幼儿建立自信心										
	尊重家长	热情接待家长，经常沟通；协助原班老师办好家园联系栏；采用多种方式做好家长工作										
	爱护公物	爱护书籍、教具等；妥善保管，按期归还，如有损坏，应负责赔偿										
	总分（满分90分）		等级									
评语												

注：能达到评价标准者等级为优；较好地达到评价标准者等级为良；基本能达到评价标准者等级为合格；不能达到评价标准等级者为不合格。

附表6-2　保育实习师德师评表

一级指标	二级指标	评价标准	评价等级									
			优秀		良好			合格			不合格	
			10	9	8	7	6	5	4	3	2	1
职业道德行为规范	实习态度	有为幼儿教育事业积极奉献的意识，能提前做好实习前的准备工作，全身心地投入实习活动中去										
	组织纪律	严格履行幼儿园规章制度和时间安排，不做一切有碍实习工作的活动										
	仪容仪表	注意仪表，服装整洁，有师表意识，举止端庄										
	语言规范	讲普通话，语言文明规范										
	团结互助	服从安排，团结协作，用正面鼓励性的语言与他人沟通										
	尊重老师	服从管理，虚心接受检查，不品评幼儿园的领导和教师										
	热爱幼儿	热爱幼儿，注意幼儿安全；树立正确的教育观、儿童观，尊重幼儿；能帮助幼儿建立自信心										
	尊重家长	热情接待家长，经常沟通；协助原班老师办好家园联系栏；采用多种方式做好家长工作										
	爱护公物	爱护书籍、教具等；妥善保管，按期归还，如有损坏，应负责赔偿										
	总分（满分90分）		等级									
评语												

注：能达到评价标准者等级为优；较好地达到评价标准者等级为良；基本能达到评价标准者等级为合格；不能达到评价标准等级者为不合格。

附表6-3　教育实习师德自评表

一级指标	二级指标	评价标准	评价等级									
			优秀		良好			合格			不合格	
			10	9	8	7	6	5	4	3	2	1
职业道德行为规范	实习态度	有为幼儿教育事业积极奉献的意识，能提前做好实习前的各项工作，全身心地投入实习活动中去										
	组织纪律	严格履行幼儿园规章制度和时间安排，不做一切有碍实习工作的活动										
	仪容仪表	注意仪表，服装整洁；有师表意识，举止端庄										
	语言规范	讲普通话，语言文明规范										
	团结互助	服从安排，团结协作，用正面鼓励性的语言与他人沟通										
	尊重老师	服从管理，虚心接受检查，不品评幼儿园的领导和教师										
	热爱幼儿	热爱幼儿，注意幼儿安全；树立正确的教育观、儿童观，尊重幼儿；能帮助幼儿树立自信心										
	尊重家长	热情接待家长，经常沟通；协助原班老师办好家园联系栏；采用多种方式做好家长工作										
	爱护公物	爱护书籍、教具等；妥善保管，按期归还，如有损坏，应负责赔偿										
	总分（满分90分）		等级									
评语												

注：能达到评价标准者等级为优；较好地达到评价标准者等级为良；基本能达到评价标准者等级为合格；不能达到评价标准等级者为不合格。

附表6-4　教育实习师德师评表

<table>
<tr><th rowspan="3">一级指标</th><th rowspan="3">二级指标</th><th rowspan="3">评价标准</th><th colspan="10">评价等级</th></tr>
<tr><th colspan="2">优秀</th><th colspan="3">良好</th><th colspan="3">合格</th><th colspan="2">不合格</th></tr>
<tr><th>10</th><th>9</th><th>8</th><th>7</th><th>6</th><th>5</th><th>4</th><th>3</th><th>2</th><th>1</th></tr>
<tr><td rowspan="10">职业道德行为规范</td><td>实习态度</td><td>有为幼儿教育事业积极奉献的意识，能提前做好实习前的各项工作，全身心地投入实习活动中去</td><td></td><td></td><td></td><td></td><td></td><td></td><td></td><td></td><td></td><td></td></tr>
<tr><td>组织纪律</td><td>严格履行幼儿园规章制度和时间安排，不做一切有碍实习工作的活动</td><td></td><td></td><td></td><td></td><td></td><td></td><td></td><td></td><td></td><td></td></tr>
<tr><td>仪容仪表</td><td>注意仪表，服装整洁；有师表意识，举止端庄</td><td></td><td></td><td></td><td></td><td></td><td></td><td></td><td></td><td></td><td></td></tr>
<tr><td>语言规范</td><td>讲普通话，语言文明规范</td><td></td><td></td><td></td><td></td><td></td><td></td><td></td><td></td><td></td><td></td></tr>
<tr><td>团结互助</td><td>服从安排，团结协作，用正面鼓励性的语言与他人沟通</td><td></td><td></td><td></td><td></td><td></td><td></td><td></td><td></td><td></td><td></td></tr>
<tr><td>尊重老师</td><td>服从管理，虚心接受检查，不品评幼儿园的领导和教师</td><td></td><td></td><td></td><td></td><td></td><td></td><td></td><td></td><td></td><td></td></tr>
<tr><td>热爱幼儿</td><td>热爱幼儿，注意幼儿安全；树立正确的教育观、儿童观，尊重幼儿；能帮助幼儿树立自信心</td><td></td><td></td><td></td><td></td><td></td><td></td><td></td><td></td><td></td><td></td></tr>
<tr><td>尊重家长</td><td>热情接待家长，经常沟通；协助原班老师办好家园联系栏；采用多种方式做好家长工作</td><td></td><td></td><td></td><td></td><td></td><td></td><td></td><td></td><td></td><td></td></tr>
<tr><td>爱护公物</td><td>爱护书籍、教具等；安善保管，按期归还，如有损坏，应负责赔偿</td><td></td><td></td><td></td><td></td><td></td><td></td><td></td><td></td><td></td><td></td></tr>
<tr><td>总分（满分90分）</td><td></td><td colspan="2">等级</td><td colspan="8"></td></tr>
<tr><td>评语</td><td colspan="12"></td></tr>
</table>

注：能达到评价标准者等级为优；较好地达到评价标准者等级为良；基本能达到评价标准者等级为合格；不能达到评价标准等级者为不合格。

主要参考文献

[1]张自平.公关礼仪与形体训练(汽车商务专用).北京:人民交通出版社,2004.
[2]魏瑾,周鹏,王艳霞.礼仪规范教程.北京:中国广播电视出版社,2011.
[3]唐志华.幼儿教师礼仪基础教程.上海:复旦大学出版社,2007.
[4]唐志华,汝茵佳.幼儿园保教实习指导.上海:复旦大学出版社,2008.
[5]叶平枝,陈立秋.防止幼儿自我概念的扭曲与变形——浅析教师不适宜的评价行为.幼儿教育:教育教学,2011(6):16-17.
[6]陈迁,孙英.这样的话你对孩子说过吗.幼儿教育:教育教学,2011(6):18-19.
[7]丁玉琰.教师要学会倾听学生.新课程学习:综合,2011(9):169-170.